能力陷阱

Act Like A Leader,Think Like A Leader

[美] 埃米尼亚·伊贝拉（Herminia Ibarra）/ 著 王臻 / 译

北京联合出版公司
Beijing United Publishing Co.,Ltd.

图书在版编目（CIP）数据

　　能力陷阱 / (美) 埃米尼亚·伊贝拉著；王臻译.
— 北京：北京联合出版公司, 2019.4（2022.1重印）
　　书名原文: Act Like a Leader, Think Like a
Leader

　　ISBN 978-7-5596-2927-2

　　Ⅰ.①能… Ⅱ.①埃… ②王… Ⅲ.①管理学－通俗
读物 Ⅳ.①C93-49

　　中国版本图书馆CIP数据核字（2019）第036790号

著作权合同登记号 图字：01-2016-3567

Original work copyright © 2015 Herminia Ibarra
Published by arrangement with Harvard Business Review Press

能力陷阱

作　　者：〔美〕埃米尼亚·伊贝拉
译　　者：王　臻
总 发 行：北京时代华语国际传媒股份有限公司
责任编辑：龚　将　夏应鹏
封面设计：红杉林
版式设计：姜　楠
责任校对：赵哲安

北京联合出版公司出版
（北京市西城区德外大街83号楼9层　100088）
唐山富达印务有限公司印刷　　新华书店经销
字数180千字　　　880毫米×1230毫米　1/32　　　8.5印张
2019年4月第1版　　2022年1月第25次印刷
ISBN：978-7-5596-2927-2
定价：56.00元

赞　誉

　　埃米尼亚·伊贝拉的这本新书极具洞察力，引人深思，对致力于成为一名优秀的领导者的人来说，能获得诸多灵感与见解。在这个飞速变化的时代，埃米尼亚·伊贝拉通过深入的研究调查和亲身实践，所提出的"改变要靠行动"的观点拓展了我们的视野。

——乔·凯撒

西门子公司 CEO

　　这本书很具挑战性，它挑战了我们常见的领导者法则。作者埃米尼亚·伊贝拉考虑到当今社会是在高速变化的，由此提出了更为实用的领导者法则，并提出自己对身份认知和职业转变方面的见解，告诉读者需要以行动作为起点来做出改变。对当代领导者来说，本书应该列入必读书单。

——苏珊·P. 彼特斯

美国通用电气公司人力资源部高级副总裁

　　埃米尼亚·伊贝拉树立了一个成功且非常有价值的模范，能帮助那些有远见的专业人士在公司的晋升阶梯上一步步往上爬。基于"边做边学"的理念，她描绘了一幅清晰的职业发展蓝图。因此，我推荐每个想要升职的专业人士都读一下这本书。

——马歇尔·古德史密斯

畅销书《管理中的魔鬼细节》作者

基于大量对领导力的研究以及对管理人士的调查，埃米尼亚·伊贝拉著成《能力陷阱》一书。该书富有洞察力，且提供了诸多实用的建议，告诉读者应该如何去做最难做的一件事——改变自己。通过动手去做，而不仅仅是思考，我们才能成为一名优秀的领导者。

——琳达·A.希尔

哈佛商学院教授

要想成为一名优秀的领导者，你要学会"先行动后思考"。读完这本书，你就会明白这位有独创精神的思想者——埃米尼亚·伊贝拉心里的想法是什么。

——夏洛特·比尔斯

奥美公司前任 CEO，美国国务院负责公共外交和公共事务的

前任副国务卿

在当今这个变化无常的世界里，领导力变得越来越重要，同时我们也需要发展一些新技能。本书充满智慧，引人深思，正是为那些想要提升自己影响力的人而写，尤其是与本书有着相同观点的人读后会产生很大的共鸣。

——保罗·波尔曼

联合利华 CEO

埃米尼亚·伊贝拉在本书中提出了新颖且深刻的见解，揭开了领导力的神秘面纱，强调行动大于思考，非常具有实用性。埃米尼亚·伊贝拉是一位非常好的老师，她告诉那些有志向的领导者如何突破自身限制，看到外面更为广阔的世界。作为一名领导者，本书中所讲述的

故事以及所提供的方法不可不看。

——罗莎贝斯·莫斯·坎特
哈佛商学院教授，畅销书《公司的王道》作者

《能力陷阱》一书从另一个角度给出了领导者的发展范例，并提出了一个强有力的论点：一个人需要先提升外在表现力，才能成为一名优秀的领导者，而不是先苦苦反思。

——贝丝·艾克瑟罗德
易趣网人力资源部高级副总裁

当前的商业环境需要我们转变之前的领导方式，但是研究证实，传统的领导力转变方法并不是那么有用。幸运的是，埃米尼亚·伊贝拉所著的《能力陷阱》一书提供了一个更为实用的方法，能帮助我们成功地转变为一名优秀的领导者。

——蒂姆·布朗
《用设计去改变》作者，美国艾迪欧公司（IDEO）CEO

埃米尼亚·伊贝拉颠覆了我们通常理解的领导者转变方法，结果证明，对所有领导者来说，她所提出的观点非常具有说服力，实用性也很强。领导者们以及想要成为领导者的人都应该读一读这本书，并付诸实际行动。

——斯图尔特·克雷纳
全球商业思想家排行榜（Thinkers50）创办人之一

经济全球化、不均衡的人口状况以及人们努力工作却做了大量无

用功，这些事加在一起造成了优秀领导人才极缺的局面。因此对那些想要改变自己、重新定义自己的工作、重新建立一个良好的人际关系网、重新认识自己的人来说，这是唯一的机会。我强烈推荐伊贝拉所写的这本书，它能帮助每一位想要成为一名优秀领导者的专业人士抓住这次机会，获得成功。

——克劳迪奥·费尔南德斯·阿劳斯
全球性高管猎头机构亿康先达公司高级顾问

本书是一本权威的关于"职业身份"的书，应该列入必读书单，它呼吁大家行动起来，靠实际行动才能提升领导力。伊贝拉向我们证明了在持续性的个人发展过程中，外在表现为什么比内在认知更重要。此外，她还提出一些实用且易操作的方法来帮助人们提升自己的领导力。

——斯图尔特·D.弗里德曼
畅销书《沃顿商学院自我管理课》作者

基于深入的研究，伊贝拉突破传统领导者转变法则，通过一些生动的事例带领我们更深入地了解优秀的领导者的转变之路。书中她提出"先行动后思考"的方法，对人际关系网络进行了透彻剖析，并对"身份认知"提出十分深刻的见解。这些新的观念将会改变我们对于领导者转变的认识。

——琳达·格拉顿
伦敦商学院管理学教授

找准提升领导力的办法是一件非常困难也非常难以弄懂的事，但是伊贝拉精准地提出了"做"的原则来解开这一谜题，该原则也具有非常强的实用性。本书中所用的研究方法非常新颖，对新晋领导者或是已经做了很多年的领导者来说，都是一本必读书。

——杰弗里·F.约雷斯
万宝盛华公司执行总裁

伊贝拉帮助读者了解到在深入思考之前应该先改变做事方法，这才是学习改变的最佳方法。她提出的"先行动后思考"方法很新颖，很有价值。

——大卫·肯尼
天气预报公司 CEO

在这个社交网络发达的时代，几乎每个人都有可能成为领导者，因为你不仅有领导者的气质，还做着领导者该做的事：这与本书的观点相一致。《能力陷阱》一书告诉读者要成为一名优秀的领导者，就要先行动起来，而不是闷头自省。这一方法虽然与传统的领导者转变法则相反，但不失为一种聪明的做法。

——尼洛菲·麦钱特
畅销书《新方式》和《为当今社会创造价值的 11 条规则》作者

我喜欢这本书，它告诉我们成为一名优秀的领导者的秘诀是，每天做一点点小事积累而成。《能力陷阱》这本书汇集了许多非常实用的观点，来更有效地帮助你成为一名优秀的领导者。

——桑迪·奥格
全球最大私募基金公司百仕通集团运营合伙人之一

你是否一直在纸上谈兵？在这本书中，埃米尼亚·伊贝拉为你提供了去除纸上谈兵的"解药"，她认为领导者成长的过程更多的是由外部改变引起的，而并非内部引起。通过细致地观察以及深入地研究，她总结出了"由外而内"原则，提出了增加提升领导力机会的诸多实用建议。

——丹尼尔·H. 平克

畅销书《全新销售：说服他人，从改变自己开始》作者

当今社会正处于飞速变化中，在这样的社会背景下，许多人立志成为一名优秀的领导者。埃米尼亚·伊贝拉的新书能帮助这些人学会如何扩展业务范围，怎样才能提出更多好的策略性意见，如何扩建人际关系网络，以及鼓励他们试着朝不同的方向发展自己。

——吉尔伯特·普洛斯特

世界经济论坛国际领导者项目主管

埃米尼亚·伊贝拉推翻了传统的领导者法则，向我们证明了个人的成长和转变是建立在真实存在的经历上的。当今社会面临着巨大挑战，领导力对于未来经济和社会都会产生巨大的影响，这种呼吁领导者行动起来的作品能大大增加领导者的实践能力，应该让更多的人看到。

——理查德·斯特劳布

彼得·德鲁克欧洲学会会长

思考，是为了更好地做事。

—— S. T. 菲斯克

我何以知道自己在想什么呢？——只有在看到我做了什么以后才能知道。

——改编自卡尔·韦克

献给赫克特以及我的父母

目 录
CONTENTS

能 力 陷 阱

第三章

建立良好的人际关系网络

第四章

试着朝更多不同的方向发展自己

第五章

合理规划前进的道路

总结

行动起来！

第一章

领导者的能力陷阱

"**我**就像一名消防巡逻员，"雅各布说，"每天从工厂的这一头跑到另一头解决各种问题，仅仅是为了保证生产能正常进行。"雅各布今年35岁，在欧洲一家中等规模的食品生产厂担任生产经理。为了能在组织里成为一名优秀的领导者，雅各布知道他必须从各种生产琐事中抽身，因为这些琐事让他没有时间思考所在部门面临的一些重要的战略问题。他得更多地关注如何用最好的方法来继续扩大业务，如何增强工厂内部各部门之间的合作，以及如何预测这瞬息万变的市场。那他的解决方法是什么呢？他试着每天空出两小时的时间来进行思考，不许别人打断。正如你所想，这个方法是行不通的。

也许像雅各布一样，你也正处于一个混乱期，有太多的事情要处理，而没有足够的时间去反思业务的变化情况以及去思考如何成为一名优秀的领导者。很多需要紧急处理的事情限制着你，让你没有办法去做那些更重要的事。在努力学会做好一名领导者的问题上，你面临着一个更大的挑战，那就是只有先行动起来，你才能知道关于自己、关于工作你需要做些什么，而不仅仅是思考。

改变思想从行动开始

很多传统的领导力培训或辅导的目的是改变你思考的方式，教你学会反思你是谁并解决你要成为谁的问题。的确，自省和反思是成为一名领导者的黄金法则。首先要提高自我意识，认识自己。问问自己做领导的目的是什么，内心深处真实的自己是什么样的。这些问题的答案能在你成为一名领导者的道路上起到引导的作用。各种书、节目以及课程里所推荐的成为领导者的方法中都包含了这个观点，它们都告诉你，你需要找到适合自己的领导方式，扬长补短，才能成为一名优秀的领导者。

如果你尝试过这些方法，你就会发现它们是非常有局限性的。虽然在很大程度上，它们能帮助你认识到你当前的能力以及领导方式，但是我们会发现，当前的想法恰恰是阻碍你继续前行的绊脚石。所以你需要改变的是你的思考方式，而只有一种方法能改变它：改变你的做事方法。

亚里士多德发现，一个人如果表现得很有美德，那他最终会成为一个有美德的人，即多做好事就会变成好人。他的这一说法得到很多社会心理学家的证实，研究表明，一个人改变了他的想法，是因为他的行为先发生了改变。简单来说，改变是由外而内，而并非由内而外产生的（如图1-1）。正如管理专家理查德·帕斯卡尔（Richard Pascale）所说："成年人更倾向于先做而后产生新的想法，而不是先想再以一种新的方式去做。"

因此，我们要先学会像领导者一样做事。一项关于"成年人学习方式"的研究发现，一般情况下的学习顺序是"先思考后行动"；但是在一个人的改变过程中，学习顺序其实是相反的，例如，如果我们想要成为一名优秀的领导者，就要学会"先行动后思考"。这与我们普遍所熟知的学习顺序的矛盾在于，在改变的过程中，我们会先看到结果，即改变让我们产生了什么样的感受，身边的人对我们的改变有什么样的反应，之后我们才会开始思考，把外在经历内在化。换句话说，我们要先在行为上表现得像领导者，之后才会像领导者一样去思考。

图 1-1

成为一名优秀的领导者：传统学习顺序（先思考后行动）与实际学习顺序（先行动后思考）对比

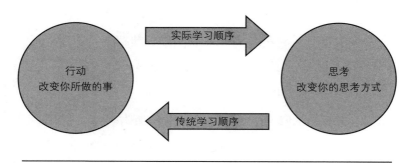

如何成为一名高效的领导者

过去的日子里，我曾做过研究员、作家、教育者以及顾问。我研究过人们如何度过工作中的重大转变期。我给《哈佛商业评论》（*Harvard Business Review*）写过大量关于领导力以及职业转变方面的文章〔同时，还出版了《职业身份》（*Working Identity*）一书，该书也讨论了相同的问题〕。有趣的是，我所得到的结论中，大多数都与传统认知相悖。

由传统的研究方法得出的结论是：领导者转变过程是由内而外产生的。之所以这个谬论一直延续到现在，是因为研究方法没有改变。研究者们全都把关注点放在如何识别高水平领导者、创新型领导者或可靠型领导者上，之后以此为基础，举例说明哪些人是这样的领导者以及他们都做出了什么样的贡献。由此，研究者们必然会发现，一名高效优秀的领导者一定具有以下几点特质：有高度的自知之明，有明确的目标导向，而且是一个真实可靠之人。但是，很少有研究关注这些领导者成长发展的过程。因此，对那些需要提升领导力的人来说，前人的研究缺少很多实用的引导。

与传统的研究不同的是，我的研究关注的是领导者的发展之路，即人们是如何发现以及定义自己的领导者身份的。我发现一个人之所以能成为领导者，是因为他所做的事是一名真正的领导者会做的事。做领导者所做的工作会引发两个重要的转变过程：一是外在转变过程，二是内在转变过程。这两者之间是紧密相连的。外在转变过程指的是建立起一个有潜力或有能力的好名声，这能够在很大程度上改变我们的自我认知；而内在转变过程涉及内在动机和自我定位的转变，这种转变并不是独立发生的，而是在与他人建立的关系中渐渐发生的。

如果我们像一名领导者一样做事，如不断提出新观点、在专业领域之外做出贡献，或是集合人力物力做成一件很有价值的事等，身边的其他人就会觉得我们越来越像一名真正的领导者。研究发现，社会认同及个人名声给心理学家所谓的领导者身份内在化（Internalizing，即把自己看作一个领导者）提供了条件，从而使人们能抓住更多的机会来展现自己的领导才能。例如，随着一个人领导能力的增强，那他在整个组织中受到认可的可能性就会越来越大，他就有可能升职；随着职位升高，他就又有更多的机会展现自己的领导才能。如此一来，便形成了一个良性循环。

先像领导者一样做事，之后才能像领导者一样思考，这样的一个循环——外在改变引起的内在改变——也就是我所谓的"由外而内"（Outsight）。

"由外而内"原则

像雅各布以及本书中其他人的故事一样，那些根深蒂固的思考方式阻碍我们在行为上做出改变，或者说是无法坚持改变，而这些改变正是成为一名优秀的领导者所必需的。一个人的想法，即他的价值观、他所信仰的真理以及他认为需要优先考虑的事情，会直接影响他的行为。因此，过去那种认为"由内而外"产生改变的想法会对我们的改变造成阻碍。

一个人的思维方式是很难改变的，因为改变需要外在经历。如果不是由外而内地改变，我们的自我认知会被过去所禁锢，从而导致思想和行为也无法改变。没有人会比我们自己更适合给自己进行定位。改变的矛盾在于，改变想法的唯一办法就是要做一些之前没有做过的事，而这些事正是之前的想法所不认同的事。

"由外而内"原则是本书的核心观点，是指如果要像领导者一样思考，唯一的办法是先像领导者一样行事，如积极参与新项目以及新活动，与各式各样的人打交道以及尝试采用新方法做事，等等。那些充满挑战的新经历以及它们所带来的成就会改变那些一直限制你的固有行为和思维。在改变的不稳定时期，思考和反省是会跟随你的行为和尝试而发生改变的，而非反方向行之。新的经历不仅会改变你的想法——你认为什么是重要的，什么是值得去做的；还会改变你未来的样子。它们可以帮助你从一些新的成就里获得自信，使你放弃过去的目标，还可以改变你过去所习惯的做事方法。这不仅是因为过去的方法不再适用于当前的情况，还因为你有了新的目标，有更有意义、更有价值的事情需要去做。

与自省相比，由外而内地改变更能帮助你重塑形象，告诉你你能做什么。成为一名优秀的领导者并非你发展道路上的起点，而是你自我身份认知的结果。这种认知只有在你与新认识的人一起做新的工作时才会产生。这并不是说你因此发现了真正的自我，而是说你所做的事折射出了真实的你。

如果我们从相反的方向，也就是由内而外的方向来改变，那就行不通了。与大众普遍认为的观点相反，自省大多数时候只会让我们停留在过去，蒙蔽我们的双眼，使我们无法发现我们的领导潜能，还会让我们毫无准备地去面对周围环境的根本转变（如表1-1）。这就好比在昏暗地路灯下寻找丢失的手表，你需要有很强的观察力；同样地，解决新问题也需要这种能力，而这种能力来源于我们在做与以往不一样的事情时所获得的新的见解。伟大的社会心理学家卡尔·韦克（Karl Weick）将其简述为："我何以知道自己在想什么呢？——只有在看到我做了什么以后才能知道。"

表1-1

"由内而外"与"由外而内"的区别

由内而外	由外而内
• 内在自我认知	• 外在能力表现
• 过去的经历	• 新的经历
• 思考	• 行动

转变过程中的迷失

为了能更清楚地理解"由外而内"原则，我们再回看一下食品生产厂生产经理雅各布的故事。在一个投资者买了他所在的公司后，雅各布的第一个任务是，带领其所在小组对生产过程进行升级改造。由于工厂里不断出现各种琐事和矛盾，他几乎没有时间去思考那些重要的策略问题，比如说如何更好地扩展业务。

雅各布认为，他之所以取得一些成绩，是因为自己亲自过问所有的细节，还有自己的做事风格比较严谨。公司举办了一场 360 度评估反馈报告会，其结果对他产生了毁灭性的打击。因为在这场报告会中，他发现，下属们厌倦了他的这种做事风格（以及他的坏脾气），而且老板希望他与其他部门的人增加合作，减少冲突。不仅如此，他常常是最后一个才知道公司未来计划的人。这些都让他非常痛苦。

公司被买下后，尽管雅各布的头衔没有发生变化，但他所需要做的事和以前大不相同。过去，雅各布只要在工厂的各部门转一转，做一些记录，每次去一个地方就行。现在，他要管理两家工厂，新的工厂不仅是之前那个工厂的两倍大，而且和之前的工厂不在同一个地方。之前公司内部有一个强大的网络，各部门联系紧密，并且周围的人都有源源不断的新想法，所以他能了解公司最新的发展情况，但现在情况不一样了，他只能依靠自己来解决问题。因为现在老板和同事们都离他很远，这就意味着他不能随时和别人讨论如何提升经济效益以及如何实现工厂现代化。

尽管他在下属眼里并不算个好领导，在业务上也不断和同事们发生冲突，而且他也明显受到领导班子各成员的排挤，但雅各布还是和以前一样努力工作。对于自己严格的管理方式以及亲自过问细节的做事风格，他还是感到很自豪。

雅各布这样的情况是一个典型的转变过程中迷失的例子。他厌倦了每天要想着解决下属之间的矛盾，还要支持他们的计划，而且他也知道他需要给下属们更多的空间。因此，他想要把工作重心更多地放在一些策略问题上，但是每一次他想安静思考时，总会被工厂里一些新的问题打断。雅各布认为，下属们凡事都要来找他做决定，这种被动的行事方法是受到了前辈们自上而下管理方式的影响，但是他并没有发现，他自己已经迷失在了领导者转变过程中。因为他没有意识到，由于外部环境的改变，他也需要做出相应的改变，而不是还按照以前的方法行事。

为什么"由外而内"地改变很重要

工作上发生变动通常意味着是时候调整或重塑你的领导者形象了。与过去相比，现在重要的转变不仅仅是一个头衔或是一件晚礼服的改变，而是一些或微妙或明显的变化。这些变化会让别人对你产生一些新的期望（尽管有时候不是很明显），他们会期望你做出一些不一样的事，或是期望你改变一下做事风格。转变时机是一个很模糊的概念，而雅各布正是遇到了这个问题。如图 1-2，来自我 2013 年的一个调查，展示的是 2011 年到 2013 年之间调查对象管理工作的变化情况。

图1-2

2011—2013 年间，管理工作的变化情况

该比例是由被调查者过去两年内所做的工作统计得出

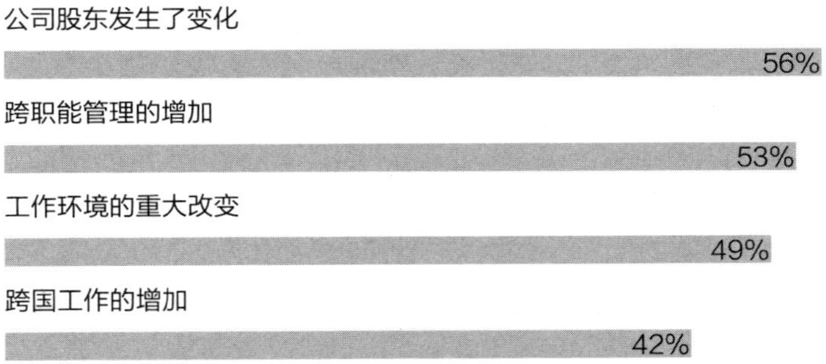

公司股东发生了变化

56%

跨职能管理的增加

53%

工作环境的重大改变

49%

跨国工作的增加

42%

增加了至少 30% 的下属

41%

承担一个或更多新的职能

40%

业务获得利润或亏损 30% 以上

30%

创业或开辟新市场

22%

数据来源: 2013 年 10 月,参与欧洲工商管理学院(INSEAD)所开设的领导者培训课程的 173 名学员的调查情况

管理工作的变化并不是一件小事,我们需要做出相应的调整。然而在被调查的人群中,只有 47% 的人在两年之内升了职。其余的人就像雅各布一样,还做着以前的工作,职位也没有发生变化,却还在期待着能成为一名更优秀的领导者。对他们来说,外界认可和指导的影响已经微乎其微,现在需要做的就是我所说的,是时候在行动上做出改变了。

不管你从事目前的工作有多久或是你离更高一级的职位有多远,如果你所处的环境发生了变化,那就意味着那些让你获得目前成绩的东西,现如今已经没办法继续给你带来更多的成绩了。当今社会变化步伐越来越快,也就意味着我们需要学会灵活处理问题。很多人都理解灵活处理

问题的重要性：在上述调查中，79% 的人都同意"把你带到当前位置的能力不能继续把你带到另一个位置"。但他们发现重塑自己是一件很难的事，因为重塑自己所需要做的事与他们对工作的认识以及对自己的认识产生了冲突。

如果目前你所处的环境需要你改变自己的行事方法，那就意味着你更需要通过"由外而内"来实现你的转变（见本章末的附加材料"自我评估：你目前的工作环境提示你现在需要做出改变了吗？"）。如果你没能突破日常琐事的限制，创造出新的机会，那么转变也许永远也无法实现。

"三步走"助你实现领导者转变

本书介绍了什么是"由外而内"原则，并讲述如何实现"由外而内"的改变，无论你目前的工作是什么，本书都能够帮助你进一步成为一名优秀的领导者。本书的观点同领导者转变课程的理念是一样的。领导者转变课程是我在 INSEAD 开设了十多年的一门课程，有来自三十多个国家的五百多人参与了该课程的学习。我读过他们的自我评估，并对每一位参与者进行了 360 度评估反馈分析，听他们讲述自己遇到的挑战，并跟踪调查第一次课程结束后他们在三个月内的工作进展情况。在这门课程刚开课的那段

时间，我和同事运用"由外而内"原则帮助参与者成功地
实现了领导者转变。

本书和上述课程都基于我数十年来对工作转变的研究。
"由外而内"的概念主要来源于早期一些关于人们如何从
项目管理人员升级到客户咨询顾问的职业转变的研究。通
过研究，我发现自省并不能帮助人们解决如何适应一个完
全不同的新工作的问题，甚至没办法解答他们是否愿意去
做这份新工作的问题。此外，这些研究结果还能帮助人们
认识到如何去做一个领导者。

关于如何改变外在行事的诸多观点大都来自我本人的
研究。例如，我的博士论文研究的是为什么有的人提出的
创新方法能取得成效，而另一些人却失败了。通过这些研
究，我得出了本书中所讨论的领导者需要扩建人际关系网
络的观点。

随着领导者转变课程的发展，研究对象增至两组，我
也进行了更加深入的调查。我和助手开展了一个为期一年
的调查项目，采访对象来自各行各业，一共三十人。同时，
我们对一些人进行个案研究，本书中讲到的一些故事就来
自这些个案研究。几年后，我们又对另一群人进行了采访，
采访对象来自某大型日用品消费公司，是四十名极有潜力
的管理人员，他们都在为了升职而努力。我们希望能帮助

他们明确升职路上所遇到的误区，并提供相应的策略。

同时，我利用这些机会来证明或改进我所提出的"由外而内"原则以及其他的观点。我把研究结果分享给十几个不同的公司，分享给学员、一些人力资源部门以及一些天才管理者小组。我与一些猎头就他们所选中的领导者的高失败率进行过讨论，也遇到过一些研究领导力发展方面的专家，他们曾尝试在自己公司内部进行其理论实用性的研究。

基于调查结果，我对课程做出了相应的调整。2013年，我在学员中做了一项调查，调查内容包括：他们的工作是如何改变的，领导者应该具有哪些必需的能力，哪些东西可以帮助他们成为一名优秀的领导者，以及他们目前仍然面临的问题是什么。调查得出的结论正是本书中所说的"由外而内"原则以及如何增加外在表现力来成功地实现领导者转变。

"由外而内"原则如何帮助你成为一名领导者

本书中详细描述的领导者转变方法都是根据以下三个增强外在表现力的方法而写成的：一是思考你所做工作的类型；二是转换新角色或参与新活动能让你接触到不同的

人，这些人有着与你不一样的世界观；三是重新审视自己。因为只有当你受到新环境的挑战或接受外界新的刺激时，你才会产生如此多新的想法。实现"由外而内"的转变并非一件一次就能成功的事，而是一个不断检验旧的假设、提出新可能性的过程。

所以要实现转变，最好的出发点就是先重新定义工作，然后重建人际关系网络，最后再改变做事方法（如图1-3）。

图1-3

"由外而内"原则：成为一名领导者，需要由外而内地改变

外在表现力
来源于行动

重新定义
你的工作
你的人际关系网络
你自己

"由外而内"

这三个方面形成了一个稳定的三角关系，能帮助你定义或塑造你的领导者身份（也有可能造成阻碍）。若忽略其中的一点，这个关系就会不稳定。这就是为什么在你的工作性质与人际关系网络没有发生任何变化时，即使你每天花大量时间自省，也没有办法实现领导者转变。

确切地说，"由外而内"原则是如何帮助你实现转变的呢？下面我们就用雅各布的例子来检验一下这三个方面是如何发挥作用的。

重新定义你的工作

雅各布的直觉告诉他，要想成为一名领导者，首先要学会把时间投资在有意义的事情上，但是花两小时的时间静静地坐在办公室里并不是一项正确的投资。所以，雅各布真正需要做的是尝试多与外界沟通交流。

在如今这个高速发展的商业世界里，价值的创造更多地来源于合作，这就意味着我们需要打破自给自足的企业界限。在这样的环境中，如果一个人不仅能预测事物发展的方向，还能集合一群人朝着这个方向努力，那他最终就会获得最为丰厚的报酬——可以得到别人的肯定、具有一定影响力以及实现社会地位的改变。所以，如果雅各布想要成功，他要做的第一件事就是重新定义自己的工作，即把工作重心从关心生产琐事转移到了解公司大局的发展情况上，并经常与同事沟通。如此一来，他就能与其他部门或组织建立更为紧密的合作关系，进而也能在生产运营方面获得更多的优先权。现在，他需要了解工厂的运营方式以及工厂的变化情况，还要尝试扩大自己的影响力，来赢得那些重要角色的关注，这些工作任务都与他之前所做的大不相同。

正如前面所提到的，雅各布尝试关注近两年来公司所需要的资本投资，之前他根本没有时间去思考此类问题，因为就像他所说的，自己像一个消防巡逻员一样，到处巡视工人们的工作情况并检查生产设施是否完好。但他的老板希望他能根据工厂总体的生产情况制作出一份精细的策划，而不仅仅是监督各项生产琐事，这一点他是知道的。

目前为止，雅各布的努力还是获得了一定成效，而且这是很多管理者在这个发展时期的典型状态。在职业生涯的早期，我们被限制在自己的专业领域范围内。当我们开始向一名领导者转变时，通常也都是在我们的职能范围或专业领域内，尤其是在我们擅长的领域内。一旦我们想要扮演更高等级的领导者角色，情况就会发生根本上的改变。我向调查对象提了一个问题："你认为什么样的能力对领导者来说是最重要的？"他们列举的众多能力中，很多都与"由外而内"原则提出的内容一致（如图 1-4）。不出意料，57% 的管理者都认为"例行公事及生产琐事占太多时间"基本符合或完全符合他们的情况。

图 1-4

领导者需要具备的重要能力

被调查者认为这些能力对领导者来说很重要或非常重要

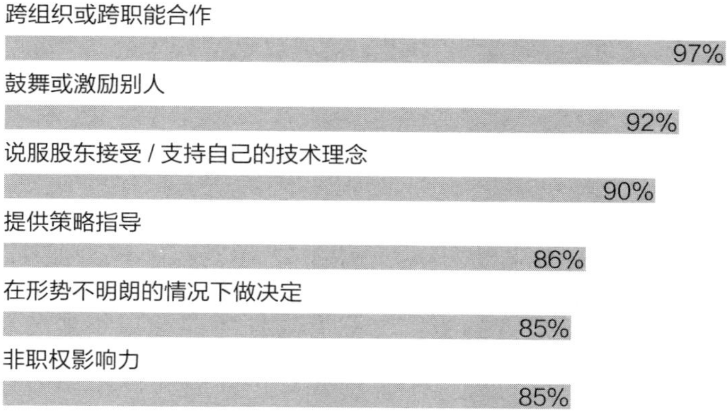

跨组织或跨职能合作
97%

鼓舞或激励别人
92%

说服股东接受 / 支持自己的技术理念
90%

提供策略指导
86%

在形势不明朗的情况下做决定
85%

非职权影响力
85%

数据来源：2013 年 10 月，参与 INSEAD 所开设的领导者培训课程的 173 名学员的调查情况

能力陷阱

正如心理学家所说，我们应该做的事与我们实际做的事常常是两件完全不一样的事。从认真做事得到满意的回报转变为给别人提供策略指导并不是一件容易的事，这需要我们学会与组织外部的人进行合作。也就是说，过去我们只要提出好的想法就行，但现在需要花更多的精力去想办法吸引更多的股东来认同并支持我们所提出的想法。最终，我们会一步步远离那个只会完成上级下达的命令的人，而慢慢转变为能为业务发展方向做决策的人，即使有时候形势并不明朗。所有的这些转变都取决于我们是否能改变自己的想法，即改变之前我们所认为的重要的事。只有学会重新分配时间，才意味着我们开始了转变。转变的唯一起点是，放下之前那些烦琐的日常工作。

本书第二章会继续讨论"重新定义你的工作是增加外在表现力的第一步"的问题。要想成为一名优秀的领导者，就要先改变你的日常工作范围，从满足各种技术操作需求转变为提出更多的策略性指导。优先去做组织或公司外部的工作，这样你才会习惯外界环境，并能抓住机会多接触一些专业领域之外的工作，只有这样才能在组织或公司内外增加你的贡献，并放下那些烦琐的日常工作。所有的这些都会提升你的外在表现力，从而让你觉得自己越来越像一名领导者。

扩建人际关系网络

如果雅各布仅仅是站在工厂生产管理的层面上来看问题，那他很难提出一些比较有远见的战略。哈佛大学教授罗纳德·海费兹（Ronald Heifetz）把一个公司比喻成一个剧院，分为"底层舞台"（On the Dance Floor）和"高层楼座"（Up on the Balcony）。如果雅各布想要成为一名优秀的领导者，他就需要学会把目光放在大局上，把时间更多地用在处理"高层楼座"里发生的事。因此，他应该学会扩建自己的外部人际关系网络。

最重要的是，他需要明白他所扮演的角色应该是一座桥梁或一个枢纽，连接他所在部门与组织的其他各部门，这样才能发挥他的最大价值。和其他很多成功的管理者一样，他习惯了通过建立可靠且广泛的内部人际关系网络来完成工作。多年来，这样的人际关系网络发挥了极大的效用。对雅各布来说，这些网络只涉及各类操作问题，这对工作信息互换以及为团队吸收人才等方面都是非常有用的。但这样的人际关系网络对雅各布未来发展的帮助是微乎其微的，因为它将雅各布限制在目前的环境中，使他无法得到新的想法。

如果遇到要做自己专业领域范围之外的事，或是需要

提出一些能适应全局的策略，很多管理者都没办法完成好
这些任务，因为这不仅仅需要很强的分析能力，还需要广
泛的人际关系网络基础。很多人都以为把时间花在扩建自
己的外部人际网络关系上，即与股东或那些可能成为股东
的人互换信息或是互相合作，会影响他们的日常工作，然
而实际情况正好相反。因此，学会扩建自己的外部人际关
系网络是领导者转变过程中至关重要的一部分。

　　那么，我们如何才能做到在提出策略时更多地考虑一
下跨职能问题呢？我们可以从哪里获得做出重要决策所需
要的洞察力和信心呢？很多富有经验的领导者认为，与其
他职能或其他公司的管理者（在我们领导范围之外的人）
建立起直接或间接联系，对弄清我们的策略是否能适应全
局、如何推销自己的观点、弄清相关行业发展方向以及与
其他人竞争资源这些方面来说都是非常重要的。只有与这
些人建立联系，我们才会了解他们的工作及其做事方法，
并对其进行评估。这些从外部获得的洞察力能帮助我们了
解我们应该把工作重心放在哪儿，从而弄清楚什么事是应
该做的，什么事是不可以做的。

　　人际关系网络之所以重要的另一个原因是，在我们刚
接触一个新的任务时，我们需要有经验的人的建议和指导
以及周围其他人的反馈来帮助我们成长和进步。在最开始

的时候，我们的努力需要得到别人的肯定，还需要前人的鼓励和指导，并亲自给我们进行示范。当我们不确定前进的方向时，其他人提供的建议也能为我们指明道路。

但参与领导者培训课程的学员的情况并不是很好，他们当中大多数人的人际关系网络都局限在其所在职能、单位或组织内部，这样的人际关系网络只能帮助他们取得目前（或过去）的成就，但在使他们成为一名优秀的领导者道路上没有任何帮助。我们可以看到，雅各布自己发现了这个问题。课上的许多学员都说，他们无法从部门或公司内部得到所需要的帮助，同样，我的调查结果表明我们需要从部门或公司外部来获得帮助。上级或前辈的支持排在第四位，他们能让管理者学会自己动手做决策（如图1-5）。

图1-5

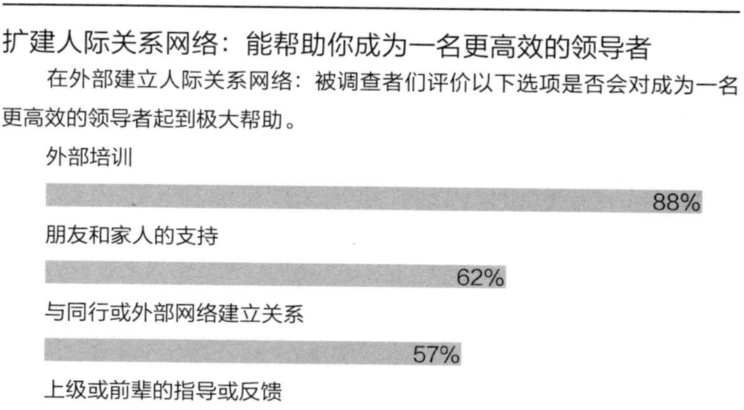

扩建人际关系网络：能帮助你成为一名更高效的领导者

在外部建立人际关系网络：被调查者们评价以下选项是否会对成为一名更高效的领导者起到极大帮助。

外部培训

88%

朋友和家人的支持

62%

与同行或外部网络建立关系

57%

上级或前辈的指导或反馈

```
                                              56%
导师或榜样的帮助
                                    51%
```

数据来源： 2013 年 10 月，参与 INSEAD 所开设的领导者培训课程的173 名学员的调查情况

___

事实上，只有 10% 的被调查者认为"在事业上需要有一个导师或支持者"这一项非常符合他们的情况。因此，要想成为一名优秀的领导者，你不仅需要学会去参与新活动或改变想法，还需要学会用一种新的方法去学习，即学会更多地自我引导，或是向同级的人学习，又或是在公司外部学习。简而言之，你需要积极地去建立一个新的人际关系网络，并且你能从中学到很多，至少可以与上级建立更为密切的关系。

本书第三章会进一步说明良好的人际关系网络对成为一名优秀的领导者来说有多大程度的帮助——详细讨论良好的人际关系网络如何帮助你扩展业务并重新定义你的工作以及你自己。如果你现在仍忙于处理所在小组内部的琐事，并认为所谓的人际关系网络只是为了利益而利用别人的手段，那么在本书的第三章，我会列举一些简单的原因来告诉你，为什么建立一个良好的人际关系网络是一件有

价值的事。

试着朝更多不同的方向发展自己

为了真正重新定义他的工作以及他过去所依赖的人际关系网络，雅各布应该试着朝更多不同的方向发展自己。工作范围和人际关系网络的本质都是自我概念（Self-concept）的产物，这些自我概念包括个人喜好、优缺点、风格偏好以及舒适空间（Comfort Zone）。现在，雅各布的做事风格需要改变，从习惯性地领导下属一起做事转变为给下属委派任务，这样就可以空出时间来与其他部门建立更多的合作关系。这样的改变过程并不稳定，因为这会与人们内心真实的自我概念产生很多碰撞。

相比参加新活动或扩建人际关系网络，在转变时期更重要的一件事是要重新定位自己的身份。他们必须改变对自己的看法、别人对他们的看法，以及改变那些促使他们行动的工作价值观和个人目标。

虽然说自我改变的确会影响领导风格的改变，但并非仅仅如此。下面请看一个例子：我所调查的管理者中有一半的人认为"我的领导风格有时会阻碍我继续前进"这一说法基本符合或完全符合他们的情况。雅各布承认，如果结果没有达到预期的效果，通常情况下他就不会再给团队成员更多的时间和空间去寻求解决办法。当像雅各布这样的管理者被问到是什么阻止了他们改变自己的领导风格这一问题时，许多人的回答都是：我们坚持只看结果，并且会不惜一切代价去完成，事实证明这样的领导风格是有用的。他们认为那样的领导风格是职业身份的重要组成部分，如果改变的话，他们就不再是原来的那个自己了。因此，他们从内心深处并不想改变。

下面再来看一个例子，如在"你认为什么能力对于成为一名有效力的领导者是至关重要的"这一调查中，调查结果显示"鼓舞或激励别人"排第二位。雅各布也认为该选项应该位列第二，尽管他的团队成员认为这项工作他并没有做好。鼓舞或激励别人能让你与他人更好地交流，能让他们更好地理解你说的话，但这并不是一件可以从工具箱里拿出来的工具，更多的是一种能力的体现，是一种你能否向每一个和这项任务相关的人有效地传达你的意思和目的的能力。当你无法自然地展现这种能力的时候，你就会把它当作一项必做的任务逼迫自己去完成。同样，只考虑组织职权问题与真实的你之间的矛盾都将是你成为一名优秀领导者的阻碍。在我的学员中，尽管一些有志向的学员认为"非职权影响力"是一项很重要的能力，但是很多人仍然没办法做到，因为他们把努力提升影响力看作一种为了升职的政治手段。

例如，像如何离开你的舒适空间去发展以及使自己适应带有政治性质的组织生活之类的事，都十分需要依次尝试各种不同的方法，而不仅仅是采取你最先想到的那个处理方法。当你尝试了各种不同的方法定义你自己，你会喜欢探索，在你更了解自己要如何发展之前不会做出承诺。你的关注点会从结果转移到学习上。如果你并不适合这种角色，你就可以尝试成为另一种。

本书第四章详细解释了为什么尝试适应各种挑战会让你觉得自己像一个骗子。没有人想要在转变的道路上迷失，然而要想像领导者一样思考的唯一办法就是要像领导者一样做事，即使最开始的时候你可能会觉得这并不是真正的你。第四章告诉你如何不要再以真实的自己为借口来限制你的身份发展。在你尝试成为另一个人（或还未成为的另一个人）的过程中学会的外在表现力，比你反思你会成为什么样的领导者更有帮助。

过程和结果，哪个重要

成为一名优秀的领导者不是一个项目或一个结果，而是一个过程。首先你需要了解这个过程，然后才能为之努力而后获得成功。

从发现转变时机到转变能为你带来越来越多的好处，这是一个持续增长的过程，这个过程并不是你想象中那样径直地发展。所有的逻辑理论都告诉我们，转变过程很少会出现你所期望的持续向前进步，甚至可能显露不出有所进步，总是在不断地向前又后退。如果有一天，你在这条路上学到了足够多的东西，前进势头就会一直保持下去。

大多数关于领导者如何从 A 点（起点）达到 B 点（终点）的书仅仅是简单地说明 B 点是什么样的，即一名优秀的领导者应该是什么样的，或是告诉你如何确定一个优秀领导者榜样，然后教你估算你和榜样之间的差距，再给你提供一些非常简单的策略，从理论上教你如何弥补你和榜样之间的差距。然而很少有书引导你如何应付 A 点到 B 点之间可能会遇到的各种复杂情况。

本书第五章会主要解释这个复杂的前进过程，并预测 A 点与 B 点之间各阶段的顺序，这样你就能对变化过程中不可避免的复杂情况有所准备。当问题出现的时候（它们肯定会出现的），第五章的内容就会帮助你不被问题难倒，从而建立起一个能持续变化的基础。当你有了全新的自我认知并能带来更大的改变，你就成功地实现了转变，正是你新的经历塑造了一个全新的你。

你和雅各布有多少相似之处？过去的这几年里，你工作的方式改变了多少？你的人际关系网络又发生了怎样的变化——是否有所增长与扩展？以及你在多大程度上愿意去挑战你的自我认知？之后四章的主题都是围绕这些问题展开的。如果我们要成为一名优秀的领导者，只有"先行动后思考"才能帮助我们成功地实现领导者转变，像雅各布一样。

杰克·韦尔奇（Jack Welch）说过一句很有名的话："当外在改变的速度超过内在改变的速度之时，终点就在眼前。"在你开始读这本书的其他内容之前，请先停下来花点时间评估一下你当前的工作环境，看看它是否提示你应该进入学会自己动手去做的转变时期（见附加材料"自我评估：你目前的工作环境提示你现在需要做出改变了吗？"）。

总　结

✓　为了成为一名优秀的领导者，你要学会像领导者一样去思考。

✓　你思考的方式来源于你过去的经历。

✓　改变你想法的唯一方法就是去做与之前不一样的事情。

✓　去做——而不仅仅是去想——才会增强你的外在表现力，而这些外在表现力是一个领导者所必需的。

✓　稳定的"三脚架"（tripod）关系能提升你的外在表现力：新工作、新关系以及新自我。

自我评估：你目前的工作环境提示你现在需要做出改变了吗？

	是	不是
1. 过去几年内，我所处的行业改变了很多。		
2. 公司的最高领导人发生了变化。		
3. 近来公司扩展或缩减了很多。		
4. 公司正在经历一个重要的变化。		
5. 出现了新的竞争者。		
6. 新技术改变了我们的生产方式。		
7. 我需要与更多的股东建立关系来完成工作。		
8. 我干这一行已经两年多了。		
9. 我曾参加过领导者培训。		
10. 我们的业务越来越国际化。		

总分

评估你目前的工作环境是否提示你现在需要做出改变，计算"是"的个数：

8~10 个	你所处的环境正在发生剧烈变化，因此你的领导方式也必须做出相应的改变。
4~7 个	你所处的环境的某些重要方面正在发生变化，因此对于你成为一名优秀领导者的期望也越来越高。
3 个以下	你所处的环境变化不大，对你的期望有可能发生变化，做好准备即可。

第二章

重新定义你的工作

我问过我的学员，有多少人曾经尝试过改变，大概90%的人都说他们曾做过尝试。当我问他们结果如何时，很多人都承认自己还有很大的提升空间。惰性、阻力、习以为常的日常工作以及一些根深蒂固的企业文化总会减慢他们改变的步伐。

毫无疑问，在领导者能力中，排第一的应该是学会改变的能力。但是，如今社会节奏太快，资源有限，很多人只能把所有的精力都放在目前的工作上。我们不仅没有时间去思考当前的事情，而且更难以抽出时间去思考发展的新趋势或是进一步提升自己。这就是为什么我所调查的对象中，大部分人的时间都被日常的琐碎工作所占据。

最近一个学员告诉我："我知道我应该空出时间去思考一些策略上的问题，但是所有的同事都在努力工作，所以我不想落后。"她目前陷入迷茫境地，不知道自己该做什么。她只知道，自己所做的贡献十分有限。她只是把客户所需要的事情做好，却没有停下来想一想分派到每个人

手中的工作最后如何汇总在一起或是如何优先处理分派给
她的任务。但是她不敢停下来多想，因为身边所有人都在
一刻不停地工作。

采用更具策略性的方法来做事是什么意思呢？归根到
底就是，在众多等待要做的工作中，采用策略性思考能让
我们弄清楚应该做什么、如何去做以及为什么要做。不幸
的是，很少人有时间去进行这样的策略性思考。

梳理一下你的日常工作。我所遇到的大多数管理者，
每天上班的第一件事是查看需要紧急处理的邮件，然后与
团队进行各种又长又无聊的例行会议，或是与重要客户进
行电话会议。他们还会不停地出差，处理长期的人才短缺
及新市场的高流动性问题，或是处理更多紧急的问题。在
处理这些任务时，他们还需要遵循各种程序的规章制度。
这些事情给他们的工作增加了前所未有的负担，让他们所
背负的责任越来越重。漫长的一天快结束时，邮箱又多了
很多未读邮件，还有各种报告（预算或是分析）等着他们
去完成。所以，他们很少有时间去思考做这些事的原因以
及工作的意义和目的。

不管你是要接任一个新角色，还是只想冲破目前的限
制成为一名优秀的领导者，本章会告诉你如何运用"由外
而内"原则来采取一些更有策略性的方法去做事。它会告

诉你如何重新分配时间，优先处理一些过去不常做的事，这些事会增强你的能力，让你有时间进行更多的策略性思考，能让你从一个更广阔的视角去审视你的工作——看看你的团队在大局中所处的位置，以及你贡献的力量有多大（如图 2-1）。

图 2-1

重新定义你的工作来增加你的外在表现力

从"不对"转变到"对"

苏菲是她所在公司采购部门一颗冉冉升起的新星。当听到大家在讨论采购部门要彻底重组的事情时，她非常吃惊，因为她竟然一点儿也不知道这件事。为了拿到年终奖励，她把精力都放在了关键的业绩指标上，却没有发现市场中其他竞争者的变化。竞争者的变化使得她所在公司传统的采购和入库方法变得昂贵且低效。她也没有发现该变化导致的公司内部资源重组、高层领导的变动以及她的上司现在正面临着增加成本效益的压力。她是最后一个听到这些新消息的人，更别提参与他们的讨论了。

尽管她组建了一个忠诚高效的团队，但是在团队外部，她很少与别人建立联系，甚至和老板也没有什么交流。她把时间都花在提升采购部门的业绩上，所以忽略了市场的最新发展趋势。制造商在进行内部扩展的时候，她所在的职能领域——采购也在改进范围之内，因此她需要做出调整，实行战略性采购，要与供应商建立更多稳定的合作关系。由于她缺乏创新能力，所以在完全没有准备的情况下，竞争对手的提案赢得了老板的青睐。

她的第一反应就是防御。她反驳说，采购是她的专业领域，并且她之前取得的成绩是不容忽视的，所以按业绩来排的话，她应该成为该部门的主管。但是她的老板期望主管能在这个位置上坐满三年，在这个位置上的人应该具有更广阔的视角，能懂得与其他领域或公司的人进行合作交流，而这些方面的能力她都很缺乏。不仅如此，她的老板还认为她的想法比较狭隘。由于缺乏更深入的策略性思考，她提出的采购计划并不适合公司的发展，因为采购计划没有考虑市场的新变化以及公司的情况。

一开始，苏菲想过辞去这里的工作，去一个"政治性较少"的公司。其实她只是想把分派给她的任务完成好，对她来说，唯一的解决方法似乎是要花时间与老板多进行交流，而不是只顾着采购业绩。在一位高级管理者耐心地给她做了一些指导后，她才开始打破桎梏，与公司内外的人进行更多的交流。她试着了解了一下其他公司目前的情况，接着咨询了一位顾问，请他帮忙缩小她的选择范围。这些举动让她和公司各个部门领导层的人有了更多的接触。从他们身上，她学到了他们是如何看待市场的发展情况的。最终，她对工作的定义以及未来工作方向的认识发生了180度的大转变。她制订了一个非常不同的采购策略，而这个策略正是公司所需要的，与她之前所做的都没有太大关系。

苏菲认识到，她之前的路之所以艰难是因为她把时间都花在了那些"不对"的事情上。她与我的调查对象一样，花很多的时间去做自己擅长的事。他们根据各自的专长，把工作定义在一个较窄的范围内，把自己的活动范围限制在过去能给他们带来最大价值的持续性成果的领域。事业初期，他们需要扮演这样一个角色。经过一段时间以后，别人对他们的期望会发生改变。要想避免发生像苏菲所遇到的这种能力陷阱（Competency Trap），你就需要明白，那些曾经对你有用的想法和工作习惯只有在经受住考验后才能一直适用，否则它们就需要做出改变。

避免能力陷阱

我们都喜欢做那些我们擅长的事。运动教练告诉我们业余高尔夫球手花费太多的时间练习他们最擅长的招式，而忽略了其他各个方面也需要更多的练习。同样，每年我们都会看到，在一项新的技术发布后，曾经在某一领域具有权威的领导者失去了他的领导职位。

这正是因为日常工作占据了进行策略性思考的时间，从而让你没有时间去做一些更有价值的事。正如运动员、公司管理者以及专业人士一样，他们把精力过多地投入到错误的事情上，因为他们以为过去让他们获得成功的东西将来也会继续发挥作用。最终我们会发现自己陷入了一个困境，那就是之前的那些日常工作已经不能满足新环境的需求了。

下面我们来看看某饮料厂商分公司总经理杰夫的故事。杰夫是一个非常优秀的销售员，因此被提拔成了销售经理。此外，他还连续两次担任地区主管，并取得了不错的成绩。他在第三次任务中被派去了印度尼西亚，虽然此次任务的规模和范围都比之前的大，但看起来工作性质和之前的两次都一样。所以，两年以后每个人都认为这是一个很好的转变时机，杰夫自己也认为他做出的这些成绩能让他担任更高的职位。但是老板不再给杰夫分派新的任务了，因为杰夫在印尼的业绩并不是很好，所以老板已经开始重用其他人了。

到底发生了什么事呢？尽管和之前相比，杰夫没有什么失误，但是他的老板现在希望能看到杰夫有更强的领导能力，而杰夫的表现并没有很出色，所以老板不确定他是否有能力担任更高的职位。

在老板看来，杰夫很有可能要失去总经理的位置了。因为公司在当地市场需要新的数字技术来完成新发展，而公司里只有拉吉夫一个人与这方面的技术专家有联系。性格外向、善于人际交往的杰夫对于 IT 技术以及数据方面的事没有一点儿耐心，但是他的市场经理拉吉夫对这方面特别感兴趣。他们两人的兴趣点不同使得他们之间的交流变得非常困难。拉吉夫认为他的工作是把新的市场技术与业务目标结合起来，作为集中品牌集团的联络中心，为它们评估并选择技术提供者，辅助其制作新的数字商业模型。而杰夫希望拉吉夫把更多的时间放在与集团的经销商建立关系上，因为这是杰夫最基本的销售策略，而且他认为拉吉夫没有尽到一个销售员应尽的职责。所以每次他们进行讨论时，谈话都会陷入僵局。而杰夫并不知道他的老板正是很担心他处理不好这样的团队问题。

此外，老板很不满意杰夫经常忽略公司的重大举措，因为他的疏忽，那些品牌公司和相对应的职能机构都未能及时地获取信息并参与进来。一开始，杰夫的老板对于他这种特立独行的办事方法还比较有耐心，因为他的行动还比较果断，但现在老板很不确定杰夫是否能够适应这个变幻莫测的环境。利用过去的经验，杰夫在印度尼西亚的任务中也取得了一定的成绩。电子商务活动需要领导者们学会把所有的事情都归入营销的范畴，例如，要学会如何直接用网络来宣传品牌信息。但杰夫还是继续他之前的做事方法，而且不管公司其他人的意见。

不出意料，他所带领的团队没有取得更多令老板满意的成绩。杰夫不断地干涉下属们的工作细节，而这正是阻碍团队发展的原因。领导者培训指导老师马歇尔·古德史密斯（Marshall Goldsmith）开玩笑地把这种微观管理行为形容为"让自己在团队里过于有价值"（Add Too Much Value）。杰夫希望老板能给他分派新的任务，不幸的是，正是他自己让自己变成了团队里不可缺少的一部分，以至于没有其他人能接任他的职位。下面我们来分析一下杰夫是如何让自己陷入能力陷阱的。

我们很乐于去做那些我们擅长的事，因此会一直去做，最终就会使得我们一直擅长那些事。做得越多，就越擅长，越擅长就越愿意去做。这样的一个循环能让我们在这方面获得更多的经验，而它就像是毒品一样，我们被它深深吸引，因为我们的快乐和自信都来源于它。它还会让我们产生误区，让我们相信我们擅长的事就是最有价值且最重要的事，所以值得我们花时间去做。正如一名非常坦诚的管理者曾经跟我说的，要跳出这样一个循环是很难的一件事。他说："我得罪了很多人，因为我常常与他们就需要先处理什么事情的问题发生争执。后来我渐渐明白了：你忙于做你喜欢的以及你认为重要的事，这就是问题所在。因为这会让别人觉得你不尊敬他们。你就会问自己：'我想做这个吗？我应该去做但是可能永远不愿意去做。'"

能 力 陷 阱

　　他和杰夫很像，他们总是解决别人的问题。当成员没有与重要客户建立联系时，杰夫就去做这个工作。如果账单出现问题，他就会急着赶去处理。他不是通过他的团队工作，而是为团队工作。"如果我看到财务上出现了问题，我没法坐视不管。"杰夫可能会这样说，"我必须努力去解决，直到事情都办妥了我才放心。"

　　他的下属和他开了个玩笑：他们根据亚伯拉罕·马斯洛（Abraham Maslow）著名的金字塔模型，做了一个"杰夫的需求等级"（Jeff's Hierarchy of Needs）金字塔（如图 2-2）。在最底层（生理需求）的下面，他们多加了一层名为"解决问题"。杰夫喜欢这个金字塔，因为它和他心里想的一样。在他处理问题的时候，最基本的需求是：自己有能力掌控事情的结果。

　　当我们把时间分配在那些我们擅长的事上时，就只能花更少的时间在其他事情上，而这些事同样很重要。我们所遇到的问题不在于我们做了什么，而在于我们忽略了什么（即没有学到什么）。因为经验和能力通常是一个良性（或恶性）循环，当需要那种能力时（经常需要的话），我们就能进一步利用它。因此，这就造成了我们一方面的领导能力很强，但其他方面的领导能力远远不足的局面。

　　就像很多管理者一样，杰夫把太多精力放在细节

图 2-2

"杰夫的需求等级"金字塔

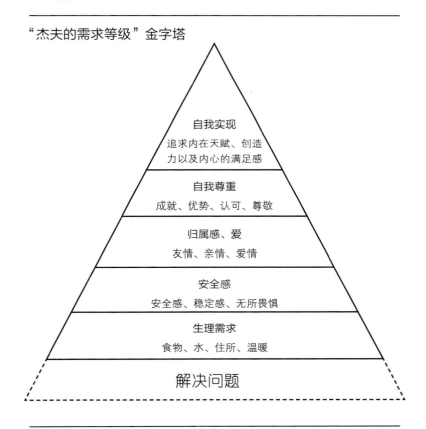

能力陷阱

上——尤其是在他的专业领域范围内，并且对他的团队进行了太多的微观管理，以至于团队的成绩完全由他一个人来领导完成。而他所忽略的事情是什么呢？他很多事情都没有做到：没有为自己制定一个更稳定的转变战略；没有考虑到公司的需要；没有与团队的重要成员进行过深入的谈话，或是摆出领导者的架子来告诉他们该怎么处理事情；没有让在远方的老板了解到足够的信息。这些并不是因为杰夫没有能力去做，而是因为他不知道该如何去做，才能让这些事看起来是值得去做的。

久而久之，你需要花更多的时间去学习新的东西。当我们越擅长某些事时，花时间做其他事的机会越小。利用我们擅长的事获取回报要比探索新领域（薄弱却有潜力的领域）获取回报在时间和空间上都更明确、更接近。这种学习的自我强化属性让人们在短期内能维持他们当前的关注点。

然而，当我们正在为我们的结果努力时，能力陷阱就会出现。如果我们能够完成或是超量完成老板给的任务，他们就会让我们留在当前的位置上，因为在这个职位上，我们可以表现得很好，因此这个职位需要我们。但是他们常常以我们没有表现出足够的领导潜能作为借口来掩饰这个真实的原因。

　　杰夫就是过于忙于解决细节问题，以至于他从未停下来去落实清晰的操作指导和绩效目标来指导他的团队。杰夫没有注意到，他那些成功的市场策略只是按照常规发展，而他的业务需要转变到一个新的方向。他不断地介入工作只会使他另一些重要才能的发展降低两到三级。他为团队工作，而不是通过团队工作。所有的这些都是有代价的：即使他一天工作二十四小时，一周工作七天，他的团队和他的老板也不会开心的。

　　因为我们中的很多人都会以自身的优势和最擅长的技能来定义我们的工作，所以当我们每一次从熟悉的领域转到不熟悉的领域时，都会发生与杰夫一样的情况。要从关注日常琐事转变到指导团队上是一件很难的事，因为很多事都不在我们的直接控制范围之内，最后却要我们达到一个共同的目标：做领导者的工作。附加材料"如何安排你的时间？"举例说明了该转变的重要性。

如何安排你的时间？

哈佛大学商学院的一个研究小组对领导者们如何安排时间进行了研究调查。他们邀请了来自 94 家公司的首席执行官的行政助理，请他们对那些首席执行官一周的工作做记录。高管们都把时间花在哪儿了？你猜对了：他们有 60% 的时间都是在开会。

几年前，研究者们进行过一个经典的研究，他们对比了那些被团队认为是高效的管理者与那些成功升职了的管理者之间的区别。他们发现最大的区别在于他们是如何安排时间的。高效的管理者们把时间花费在与组内成员一起工作上，而成功升职了的管理者则花费更多的时间去与其他部门或更高的领导层建立联系。

即使你没有助手，在这个应用软件盛行的时代，仍然很容易就能知道你在工作时或在家里时都做了什么。从简单地观察你周一时做了什么开始。例如，你可以对比一下你在办公室内与在办公室外都花费了多少时间。你可以用以下这些软件来看看你的时间都花费在了什么地方：

追踪类时间管理软件（如 Toggle 和 Attacker）：这些应用软件可以追踪你的日常安排。只需轻轻一点你的手机就可以开始或暂停追踪各项活动。Attacker 软件的反馈报告会告诉你，你每天花了多少时间在开会这样的正式活动上。

TIME Planner：该软件结合了时间安排与时间追踪功能。你可以设定一个时间，例如，下午一点提醒你去做某件事，然后记录你是否去实行了。

My Time：该软件帮助你达到时间管理的目标。例如，如果你决定花 45 分钟去做一个展示，当时间到了或任务完成时，该软件就会有提示。

了解领导者们真正需要做的事

杰夫需要在哪些方面提高自己呢？为了回答这个问题，首先要考虑的是管理与领导之间一直都存在着很多不同。从本质上说，管理需要我们高效高能地完成每日既定目标、规程以及组织结构，而领导则是不停地改变我们要做的事以及思考我们如何去做的问题。这就是为什么作为一名领导者要跳出日常工作的限制，把时间花费在向他人解释改变的重要性上，即使改变的原因已经很明了了。

当我们做日常工作时，会问自己："如何才能让工作做得更好（例如，如何做到低耗而优质高效）？"我们花时间和我们的团队以及当前的客户，或是自己一个人去执行计划从而达到既定目标。通常情况下，我们会很清楚地知道所投入的时间、精力以及资源能获得什么样的回报。根据之前的经验，我们很有信心能达到既定的目标。

而当我们做领导者工作时，会问自己："我们应该做出一些什么样的改变？"我们会把时间都花在做一些没有即时利益（或是一直都不会有收益）的事情上。例如，我们可能会跨越我们的职能范围去展望一个不一样的未来。因为改变的不确定性常常要比盈利（或亏损）的不确定性

大得多，所以选择一个新方向需要极大的信心。当我们
身处变化中时，我们不仅要了解领导者需要做的事，更
重要的是去了解他们是谁，他们所代表的是什么，这样
才更有可能成为一名真正的领导者。换句话说，要像领
导者一样行事，我们需要把时间花在以下这些事上：

◎ 像桥梁一样连接不同的人或组织

◎ 做一些"有远见的事"

◎ 提升影响力

◎ 将想法与个人经历结合

像桥梁一样连接不同的人或组织

来看一下传统的方法是如何有效地带领一个团队的：
设定一个清晰的目标，给每一位成员分派一个清晰的任务，
管理团队内部动态以及规范，定期进行交流，关注团队成
员的心理情况并给予他们认可，等等。这些都是一些重要
的事，但是这对你能否转变成一名优秀的领导者来说可能
不会产生太大的影响。

二十多年来，此类话题有过很多相关研究，麻省理工
学院教授黛博拉·安科纳（Deborah Ancona）和她的同事
不断地进行研究来揭示这些传统的领导方法并非那么有效。

研究发现，那些拥有卓越成就的领导者并不会把时间花费在各种内部事务上。相反，他们会作为团队内部与外界环境之间沟通的桥梁，因此他们的时间大多花在外部活动上。他们在外走访以确保团队能得到正确的信息和资源；有选择性地将信息汇报给大家；当产生争议时，确保其所带领团队能获得上级的支持。此外，成功的领导者会关注其他团队如潜在的竞争者都在做什么，可以从他们那里学到什么东西，这样就不用自己再白费力气做重复的工作。

例如英国石油公司（BP）前经理维维安·考克斯（Vivian Cox），在接管一个新成立的煤气、能量及可再生能源团队时，她还接管了很多小的"有前景"的次要业务，包括太阳能、风能以及氢能。考克斯刚刚接触新能源，就从外部聚集了一个大的团队到她的公司，来分析业务环境并集思广益。通过这些讨论，她发现公司需要立即改变只以石油作为基础的商业模式。

考克斯是领导者应该作为桥梁的一个典型例子。她从团队中挑选出一个"二把手"，负责管理团队内部进程，而她自己则一直扮演一个出谋划策、与外部建立联系并能鼓舞团队士气的角色。她的时间都花在与公司外或公司内其他部门的重要人物建立联系上，利用这些关系来为这个新起步的团队提供战略性意见，以应对可能遇到的威胁和机遇。此外，她还向当时的首席执行官约翰·布朗恩（John Browne）及其他同事汇报了"低碳能源"这个新概念。她的人际关系网络包括了一系列行业的思想领袖（我们在第三章还会提到）。公司外部的人都是她的战略顾问，与他们接触使她能产生更多的新想法，因为他们能从更广阔的视角来看待问题。她还从别的地方请来诸如技术总监之类的重要人物，以确保团队能从那些以不同眼光看待世界的人身上学到更多的东西。

一旦脑子里有了好的想法，考克斯就会通过她的人际关系网络向整个公司进行关于新能源产业的"原声播报"（Sound Bites：指将她的原话传递给公司的每一个人）。她解释说："在公司内部收集反馈，在公司外部进行讨论会非常有用——这是事实与观点的社会化，还可以给自己带来声望。这比简单地做展示重要多了。如果方法很有效，你就创造了一个信息需求——他们会主动来找你寻求更多的信息。"

另一个好的例子是阳狮锐奇（Vivaki）媒介购买部门前首席执行官杰克·克鲁兹（Jack Klues）。阳狮集团常联合一些像谷歌、雅虎之类的单独媒体运营商来增加其购买力并提升其数字广告的专长。这项工作需要把不同的人才聚集在一起，来开发一个新的规模经济。克鲁兹将自己的工作描述为："我一直觉得我的工作是一个'连接者'，我需要尝试各种新颖的方法将利益与人才建立起联系……我是让其他二十个媒介总监都说'是的，我们为他工作'的那个人。并且我知道他们都认为在自己的专业领域内，他们比我强，或许他们是对的，而我的工作是要把他们都聚集在一起。我没有去做他们在做的工作，因为我知道一些他们不知道的事，而正是这些事成了我的必杀技。"

表 2-1 概述了两种相反的领导者类型。如果你扮演的是一个"中心"的角色，你的团队和客户就会是你工作的重心；而如果你扮演的是一个"桥梁"的角色，像考克斯一样，你的工作就是把你的团队与外界相关组织联系起来。两种角色都是重要的。杰夫扮演的是哪种角色呢？显然，他扮演的是"中心"的角色。如果人们责备领导者的效率低时，猜猜哪种角色的领导者会在榜首？是扮演"桥梁"角色的领导者。因为"中心"领导者几乎每件事都要比"桥梁"领导者做得好。

表 2-1

你是一个"中心"领导者还是一个"桥梁"领导者？

"中心"	"桥梁"
• 为团队设定目标	• 将团队目标与组织优先事务结合起来
• 分派角色	
• 分派任务	• 向团队传送重要信息和资源以确保进程
• 监测进程	
• 管理团队成员的表现，进行绩效评估	• 从外部获取重要伙伴支持
	• 增强团队在外部的可见性以及提高团队的声誉
• 开会协调工作	
• 为团队内部创造一个良好的工作氛围	• 肯定表现好的成员，认可并让他们参与到下一次重要的任务中

　　不管你在什么样的组织中工作，如果所在团队的领导者能从外部获取想法，从外部获取反馈，或与外部进行协作，并时刻关注组织内部的变化，还可以从最高领导者那里得到支持和资源，那么他就有能力生产更有创意的产品或是提供更新颖的服务，比那些只管理团队内部的领导者能更快地取得这些方面的成绩。他们的成功秘诀一部分来源于他们建立"桥梁"时所获得的外在表现力，他们需要这一能力来让他们在业务上提出新观点，让他们学会有组织性地从大局看问题，从而设定发展方向。

做一些"有远见的事"

当然,一个领导者可以成为一座"桥梁",但仍会做一些错误的事。尽管如此,以一个更广阔的视角重新定义你的工作后所获得的外部观点是你是否有好的战略意见的决定性因素。更重要的是,外部视角能帮助你把想法转化成团队和组织的未来美好图景。

对许多人来说,有远见不是一项必需的工作需求,包括美国前总统乔治·H.W. 布什(George H. W. Bush)。每当被要求把目光从他竞选时所提出的那些短期明确目标转移到他的选民所期望的未来上时,他最著名的回答是:"哦,你指的是那些空想的事?"

尽管布什取笑"有远见"的想法,尽管那些注重执行的管理者削弱远见的重要性,但是展望未来以及把这种憧憬传递给其他人正是区别领导者和非领导者的一项重要能力。研究领导力的专家詹姆斯·库泽斯(James Kouzes)和巴里·波斯纳(Barry Posner)进行的大量调查都证实了这一点。大多数人都能很容易地说出目前的工作中缺少什么,有什么不满意的地方或是无意义的地方,但大都没有一个好的"有远见"的想法,他们的工作也就因此而停滞不前。

那什么样才算是有远见呢？几乎所有人都认为：有远见意味着能够创造一个有吸引力的未来景象，即未来会是什么样，更重要的是，作为领导者，你希望未来能成为什么样。但是能带领组织进步发展的远见并不是有灵感那么简单，也不是摩西（Moses，犹太先知）拿着记录戒律的石板从山上下来。当然，它也不是那些典型的单调乏味的远见演讲。附加材料"什么样才算是有远见？"列举了领导者想要拥有真正的战略眼光所需要具备的重要能力。

什么样才算是有远见？

各项研究表明，有远见是领导者的定义性特征之一。我们该如何付诸实际行动呢？以下能力或实践是优秀的领导者发展远见的一些具体方法：

感知环境中的机遇与威胁

· 简化复杂的环境
· 通过想象融合一些表面上看起来似乎没有联系的事情
· 预想一些可能会触及组织底线的事

提供战略性指导

· 鼓励发展新业务
· 定义新战略
· 从大局的角度做决策

鼓励其他人展望未来

· 提出一些挑战当前情况的想法
· 接受成员提出新的做事方法
· 把外部观点传达给成员

让我们来分析一下考克斯的远见是如何形成的。之前她负责石油和天然气交易，公司已经为她计划好了相应的步骤，并设定了清晰的绩效指标。而现在新能源产业已在公司周围涌现，所以考克斯的新角色需要决定关于新能源产业的所有细节地方所需要做的事，看看是否能把这些零碎的东西组合在一起。在与外界资源建立了许多联系后（包括问她自己以及重要的股东，英国石油公司作为一个大的石油公司，是否需要进军新能源产业），她和她的团队开始为公司未来制订一个低碳发展计划。接下来考克斯提出"我们的追求是什么？"的问题，之后讨论的关注点在于公司要在哪些方面与别人竞争，以及新能源团队需要什么样的基础。只有等他们开始实施计划一段时间后，才能制定更为具体的目标，如提高交易量和市场份额。

考克斯的事例告诉我们，远见的形成需要发展明确的追求。有远见的策略包括用追求来引导一系列选择，关于如何最大化地利用时间和资源去达到你真正想要的目标。多伦多大学罗特曼管理学院（the University of Toronto's Rotman School of Management）前院长罗杰·马丁（Roger Martin）再三地解释，以上行为所需要的时间和资源都与公司年计划相去甚远。在公司年度计划中，制定和提供文件都有一个清晰的流程，这份文件包括一系列重要任务的清单，并带有时间限制与分配好的资源。遵照公司年度计划，最好的情况是能获得很多增量收益。而展望未来是一个更加动态的、有创造力的、需要互相合作的过程，是预想一个组织的转变应该是什么并且如何成功实现转变。

　　许多管理者虽然在业绩上获得成功，但却是我所说的没有远见的人。在对参加领导者培训项目的管理者进行360度领导者能力评估调查中，与"团队建设以及给员工奖励和反馈"之类的能力相比，"展望公司未来"是领导者能力更重要的一个方面，但是大多数管理者都缺乏这种能力。图2-3总结了427名高管和3626名观察者的反馈，表明关于愿景这个问题，管理者如何看待自己以及他们的上级、同事或前辈是如何看待他们，两者之间有着显著差距。其中，管理者对远见能力的自我认知与前辈们对他们远见能力的认知之间的差距最大。

　　当被问到差距存在的原因，很多管理者都解释说，他们认为他们的工作就是完成上级下达的命令，而提出策略和愿景都属于上级和规划长远计划的外聘咨询顾问的职权范围，然后他们会下达给组织的其他人去执行。

　　从历史的观点来说，策略和愿景的确属于上层领导者的职权范围。如今，技术深深地改变了明确的劳动分工，很多在五年前还属于管理工作的主要任务，如性能监测、

图 2-3

注意差距：360 度领导者能力评估调查

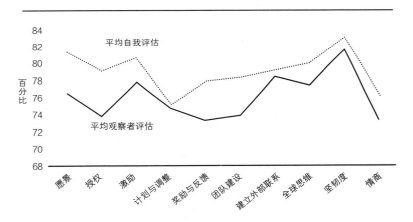

注：此图数据来源于 427 名高管和 3626 名观察者的反馈统计。与"计划与调整"和"建立外部联系"这些能力相比，"愿景"和"授权"这两项能力的得分最低且两组人的评估差距也最大。

即时反馈及做报告和展示，现在都已经没有了。高管们需要更多地把重心从发展现行业务和增加绩效指标转移到用简单易懂的方法展示当前公司所处的环境以及未来的发展方向上来。当那些接受上级命令的管理者不断与客户和供应商建立联系时，这些客户和供应商就会不断地参与这个创新过程，如此一来提出远见和策略不再仅仅是首席执行官们的职责。做出即时回答与合作都取决于最高领导层下

面的那些策略提供者。如果我们像雅各布一样只是把自己
局限在办公室里，那么我们永远也没有办法提出真正有建
设性的策略。

提升影响力

　　不管你的远见策略多么好，你的想法多么有吸引力，
如果没有人赏识或者只是因为个人关系而受到赞同，也没
什么用。

　　肯特是某技术公司的部门经理，该公司正陷入如何适
应新市场的困境，在这个艰难的时期，肯特发现了这个问
题。对于公司需要怎么做才能给客户提供更具综合性的解
决方法，并能让公司更好地服务于一些未开发的市场，他
提出了一个清晰并且很有力的想法，并下定决心，要排除
万难在全公司推行这个想法，来帮助公司走出困境。但是
他失败了。他邀请了一个和他关系很好的顾问，听他进行
了一次定位跨职能合作的幻灯片演示。肯特播放了一组很
长很复杂的幻灯片，令他非常惊讶的是，顾问要么对他的
幻灯片不感兴趣，要么就反驳他的想法。

　　"你看我在说一些重要的事，"肯特问顾问，"但是
每个人都快睡着了，这到底是为什么？"

顾问承认肯特说的事确实很重要，但是为什么大家都不想听呢，顾问对他说："因为大家都没办法立即同意你所说的，所以你需要把你说的东西和他们的认知建立起联系，而你没有做到。"

很多年以后，肯特明白了他哪里做得不对。"我对公司的未来有一个很好的愿景，"他回忆说，"所以我希望公司其他人都能同意我的想法，却没有打算让他们做出任何反馈——想法行得通就行，不行也没关系。"

肯特意识到，领导者想法的好坏并不是人们考虑是否愿意与之共事的唯一因素。很多领导者会简单地认为想法本身就是最终的卖点，但有经验的领导者明白，过程才是一个更为重要的因素。如何展现他们的想法以及在这个过程中他们如何与听众进行交流，决定了人们是否愿意跟从他们一起做事。

下面我用一个简单的公式总结领导公司成功转变过程中的三个重要因素：

想法 + 过程 + 你本人 = 领导公司成功转变

当我和我的学生分析一个关于领导者效力的书面案例时，我发现了一个有趣的模式，由此总结出了以上公式。我的学生很少讨论领导者实际上在鼓吹什么，更少讨论领导者的想法所获得的成效。

过程非常重要并不代表结果就不重要，因为很多改变都有一个长期的努力过程，取得成果是要花费一定时间的。当提议正在进行且能否成功还没有定论时，人们就早已决定他们是否接受这个想法。在无意识或有意识的情况下，他们都会寻找线索来证明这个提议是否会成功，并且考虑该提议带来的后果对他们来说意味着什么，这些东西会帮助他们做出是否接受的决定。

因此，很多人关心的是领导者提出并展示这个想法的过程，因为这能让他们知道：这个领导者是包容型还是独享型？是参与型还是命令型？他是否已经找到了足够的适合人选来参与此计划？他们采用了什么方法？该方法是否正确？表 2-2 说明领导者在领导改变时的步骤和风格是如何影响其他人进行选择的。

表 2-2

领导改变时的步骤和风格

领导改变的主要步骤	影响改变进程的风格
• 提上紧急事件日程	• 我的信息从何而来？
• 建立领导性合作	• 我和其他人的交流情况怎样？
• 提出对未来的想法	• 我和哪些人进行了交流？
• 与他人交流想法	• 我和多少人进行了交流？
• 授权其他人实施想法	• 我如何能把我的想法推销出去？
• 确保短期内有盈利	• 我所扮演的角色是什么？
• 在组织系统和进程中进行改变	• 我们应该以多快的速度实施改变？

  领导者在这些风格或步骤上的表现，会对人们对领导者的怀疑程度产生影响，还会增加（或减少）人们对领导者的信心。换句话说，是人们创造了一个自我实现的愿景：如果他们对领导者有信心，就会与之合作从而增加成功的可能性。没有经验的领导者不仅会过度关注他们的想法，还常常从想法直接跳到另一个新的结论去支持该想法，没有经过一些必要的步骤来说明他们的想法是什么以及它最令人满意的结果可能会是什么样。附加材料"两种不同类型领导者的故事"说明了领导者是否具有影响力会带来完全不一样的结果。

能力陷阱

两种不同类型领导者的故事

　　领导者转变过程中，最难的一点也许是从一份有清晰的时间范围和财务业绩的线性工作转变到承担一个影响那些负责基础工作的人的支持者角色。如果支持工作涉及那些排在优先顺序最末端的事，如多元化，那么转变就会变得更难。一些新的多元化经理——负责建立一个可以帮助组织变得更加多元更有包容力的系统——会遇到这种情况：如果多元化经理是个新手，那么事情常常会变得很糟。这也是很多公司虽然已经实现了多元化，但并没有看到太多成果的原因。

　　最近我对两名多元化经理进行了观察研究。两人都在金融服务公司工作，都从业务部门转到多元化部门，都没有相关方面的经验。

　　妮娅·约翰逊－罗马席纳（Nia Johnson-Romanzina）是瑞士再保险公司（Swiss Re）全球多元化部门的经理，她决定先弄清楚公司所认为的多元化是什么样的且如何从另一个角度去思考。她先去找执行委员会及董事会各成员，与他们进行交流。"我们公司很明显分成了两个阵营，"在一次采访中，她告诉我，"一方希望女性应该更多地坐上领导的位置，而另一方则说，'如果这事是在讨论女性，那就不要把我算在内'。我很快就意识到这是一个两极化的问题。"

　　从她的谈话中可以看出，想法多元化正是把所有人聚集在一起的唯一一件事。她解释说："他们让我了解到性别差异是两极化的，但想法多元化的概念是每个人都会接受的。它自然地发展成关于包容力的讨论。"

　　当进行团队内部讨论时，她同样确定那些重要的外部会议、工作小组和思想领袖都可能会影响她的方法。她总结后得出，尽管本公司已经是一个多元化的公司，但是一些无意识的偏见仍然存在，使得员工们无法继续升职，或是将一些人排除在团队外。

　　新上任的 CEO 非常有创新头脑，他认为尽管公司业务进展得都很顺利，但仍然需要一个新的有更多多元化人才的环境。这时妮娅的机会来了。新CEO 开放所有高级管理者的职位，鼓励大家都申请这些岗位。把重心更多地放在客户身上，关于性别、文化、教育、技能等方面能提出多元化的想法等都是获得成功的重要因素。

在申请快要结束之前，CEO 发现候选人缺乏多元性，因为很少有女性来申请这些岗位。当他陷入苦恼时，他和妮娅商量了这个问题，妮娅告诉他应该考虑一下他现有网络以外的东西。"女性常常觉得不能胜任这些职位，尽管她们是可以的，"她解释道，"你需要去明确地告诉每一个人，他们都有这个资格来申请岗位。没有人能保证你一定能得到这份工作，但是至少也要试着申请一下。"

他照她说的做了，把申请截止时间进行了延期以便能有更多的人进行申请。这样一个多元化的招聘团队在努力引进人才，并试图消除那些无意识的偏见。妮娅也被邀请到参加招聘团队的讨论中，他们想要挑战无意识的偏见，以确保对所有人来说都有一个公平的平台。

最终，该 CEO 组建了一个具有更多跨职能且男女比例均衡的领导团队，女性成员占比从原来的 17% 上升到 40% 以上。每一个岗位，都是最合适的人赢得了这份工作，并且大家对此都是一致通过，没有异议。

这项显著的成绩给妮娅就强调多元性的缺乏并增强员工的包容力所提出的远见和策略打下了基础。当很多公司正在设定很多业绩上的目标时，她推断以关注业绩开始的话，只会对根本的长期性的变化产生阻力和分散力。"这是关于想法的改变，"她说，"先提升自己的包容力，接下来业绩就会自然而然地增加了。"

另一位多元化经理则采取了一个完全不同的策略。她想一开始就提出一个正确的远见。这意味着她需要把当前组织里适合进行多元化改革的地方都列入清单，并将这份清单与该研究讨论的话题联系起来。不出意料，她发现公司正在做的事情中有很多是互相矛盾且缺乏连贯性的。

因此，她做的第一件事是创建一个模型，把不同的部分合并成一个整体框架。她召集了一个项目工作组来做这件事。最终他们组建了一个有五个部分组成的模型，包括实现整体多元化改革，从商业案例变成一系列基础原则，所有人力资源部门都需要进行这项改革。当最终的模型成形后，她就向各个股东进行展示。尽管很多股东都对她的努力表示赞赏，但他们并不是很清楚她的目标到底是什么，或者他们应该扮演什么样的角色。

将想法与个人经历结合

当然，书上读到的领导者们做的事和实际亲自观察他们怎么做之间是有很大不同的。当我们在课上观看领导者的活动录像时，我们的讨论会产生明显变化，讨论变得越来越个人化，更多地发自内心深处并十分情绪化。参与者们常常不知道如何客观地解释他们的反应。辨别力取决于他们与领导者之间的关系："我喜欢他吗？他比较亲切还是冷淡？他看起来真实诚恳吗？他会听取听众的意见并融入他们吗？我想和他一起共事吗？他会和我说话吗？"当然，当他们意识到自己作为领导者，别人看到他们时的反应同样是发自肺腑时，他们才恍然大悟。

成为一名优秀领导者的重要一环是需要认识到我提出的公式中的三个重要因素（想法＋过程＋你本人），"你本人"这个部分往往比"想法"还要重要，它是人们对你进行评估的"过滤器"。你的下属、同事和老板将会判断你的想法是否公平，你心里是否有组织的最大利益（而不仅仅是为了你自己未来的事业而工作），并且你是否真的能说到做到。

这个非常重要的"你本人"因素到底是什么呢？很多人都以为这指的就是你的管理风格，但管理风格仅仅是一方面，在一些相同的情况下，很多管理风格都是有效的。相反，人们评判的标准是你的热情、你的信念以及做事的一致性，这三点换个词说，也就是你的"领袖气质"（Charisma）——一个用来描述未来领导者有神秘魅力却难以定义的词。

很多年前，管理学教授杰·康格（Jay Conger）开始揭开"领袖气质"的神秘面纱：他先让人们说出他们认为有魅力的领导者的名字，然后对这些领导者的行为进行观察。他们所列举的领导者有着完全不同的外貌、性格和领导风格。一些领导者是专制者，而另一些更愿意与他人合作；一些很迷人，有风度，而另一些，就像史蒂夫·乔布斯一样，不是那么迷人。最后的研究结果发现，相比起其他特性，很少有人能表达出"领袖气质"这一特性。

康格和其他研究者发现，当人们在某个"正确的时间"提出一些能引人注意的想法时，就会被认为有"领袖气质"。因为有魅力的领导者倾向于在组织内部和外部建立起桥梁，他们擅长发现市场的发展趋势、危机和机遇，因此他们能提出一些有吸引力的想法。正如我们以上所见，想法仅仅是公式中的一部分，而且常常是最不重要的一部分。研究发现，有魅力的领导者还有另外一些特质。这些特质与领导者是如何吸引以及为什么吸引跟随者有关，并

与领导者如何认识自己有关。更确切地说，有魅力的领导
者都有以下三个共同点：

◎　　人生阅历丰富，从而产生了坚定的信念

◎　　能通过讲述个人故事来与他人进行良好的交流

◎　　他们的想法、实际所做的事以及他们自己之间有
很强的一致性

例如，玛格丽特·撒切尔，现如今人们对她仍然存有
很大的争议，当然很多人可能并不喜欢她。但是她坚持自
己所信仰的简单清晰的信念，并以此改变了英国的历史进
程，而这些信念完全来源于她的个人经历和故事。

撒切尔的鲜明特征是她在政治辩论艺术方面的传奇技
巧，很少有人能够像她一样准确地整理出所需资料。她所
有的知识和分析能力都不足以解释她是如何从人群中脱颖
而出到达政府的最高层，作为一个首相去领导她的国家进
行翻天覆地的变革的。

她和周围其他有天赋的政治家的不同在于，她知道如
何利用个人经历来把强大的政治信息具体化，并亲自展现
出来。她是如何鼓励人们行动起来，如何传达那些真正重
要的信息的呢？给人们讲述她自己的故事，关于她是如何
学会节俭，学会理财，关于她是如何被教导不要随大流，
坚持自己。她，只是一个杂货店老板的女儿，就这样赢得

了一大批信仰她所信仰的跟随者。

你是否知道她成长在一个没有自来水的家庭里？她的父亲生活简朴，除了那些最基本的生活必需品外，其他的什么也没有。这样的成长环境以及其他的一些经历塑造了撒切尔的信念。她拿自身做比喻来说明英国缺少的是什么：民族独立感以及从艰苦工作和延迟的幸福中获得救赎。她让自己的生活变得有意义，她把自身经历与英国的情况结合起来，这就是她把她的政治理念灌输给人民的意义所在。

西蒙·西内克（Simon Sinek）在泰德演讲（TED）做的关于领导者的演讲是点击率最高的演讲之一，在他的演讲中，他把这种行为叫作"黄金圈"（Golden Circle）。他解释说，我们很多人都通过讨论需要做什么以及应该如何去做来说服别人。劝说的秘诀是展示出你最有力的论据。依据我们自己的逻辑和优势，我们将自己的想法强加给别人，这样的做法并不会十分有用，因为我们最终会跟随那些能鼓舞我们的人，而不仅仅是有能力的人。相反，成功的领导者会以解释"为什么"——解释他们内心深处的信念和目的——来开始对人们进行鼓舞。这样一来，他们更能打动人。所以，"为什么"处在"黄金圈"的中心。

把你的工作当成一个平台

你应该如何与外部建立联系，展望未来，增强影响力，结合自身经历说服别人从而实现改变呢？你该如何开始学习成为一名优秀的领导者呢？第一件事就是，你需要把你的工作当成一个平台来学习并去做一些新的事。

对那些想要进步的领导者来说，这个学习过程并不是一个简单的技能训练过程（如提升你的谈判或倾听技巧），而是一个复杂的过程，涉及改变你之前所认为的重要的事和值得你去做的事。因此，最佳的起点是扩展你的工作范围，提升你工作范围外的表现力，从而你对于你将做什么会产生一些新的想法。

不管你目前的情况是什么样的，以下五件事都可以开始让你的工作变成一个能增强你领导力的平台：

◎ 增强你对形势的定位感

◎ 接触你专业领域之外的项目

◎ 参与外部活动

◎ 结合个人经历谈谈"为什么"

◎ 放松你的日程安排

第二章

重新定义你的工作

增强你对形势的定位感

　　一名领导者需要了解其所在行业的大背景：新技术会如何影响该行业？不断变化的文化期望会如何改变行业在社会中所扮演的角色？劳动市场的全球化会如何影响公司的招聘和扩建计划？虽然一名好的管理者可以拿到完美的业绩成绩，但是领导者能在以上问题中提升他们的外在表现力。要了解所在行业的大背景，就需要领导者有一个良好的形势定位感，他要能在一片广阔的信息海洋中感知到那些最重要的事。

　　我们回过头来看一下本章之前讲过的苏菲的故事，她遇到了一些麻烦，因为她只能感觉到一些最基本的事，所以对于公司或者市场将要发生的事没有一点察觉。她对那些政治斗争也毫不知情，也不知道关于整合制造商和供应商的讨论，而且没有加入公司内的任何一个小团体。

　　你的职位越高或是责任越大，你的工作就越需要你具备一种形势感知力。下面我们看一下天气预报公司 CEO 大卫·肯尼（David Kenny）的观点：

　　　　一名领导者需要了解这个世界。相比之前，
　　　你必须接触更多的外部组织，更具世界性的东西，
　　　有一个更广阔的全球视野，来定位你公司所处的

位置，它的目标以及价值……我曾经和从事媒体工作的人讨论他们眼中的数字化、脸书等，还讨论了我们如何才能创建一个新的定价模式。我还和新媒体的技术公司进行过交流讨论。和客户讨论时，我的兴趣点在于：二十国集团（G20）对他们来说意味着什么？债务危机会如何改变下一代？我还和政府进行讨论，之后又回到客户身上，告诉客户我所得到的信息，以帮助他们了解他们的网络也可以朝着那个方向发展。

那么一名初级领导者该如何增强自己的感知能力呢？萨利姆曾是某跨国日用品消费公司一个大型部门的经理助手，而现在他是新兴经济下某家小公司的总经理，他的成功转变要归功于他对形势的定位能力：

你需要对你的行业有一个非常广泛的认识，否则当供应链的人给你打电话，跟你用"供应链语"（Supply-chain-ese）进行讨论，或是财务人员希望你能理解他的语言时，你会完全不知所措。这需要一种综合的能力，因为有一大批员工会从各个方面来打击你。如果你没有能力很快提取或理解重要信息，那么当你的老板突然提出一个你意想不到的问题时，你就会完全蒙掉。

当我问萨利姆他是怎样得到他的工作时，他说"增强发现趋势的敏感度"让他获得了优势：

> 你不能总是等着做出回应，因此我经常会去和我的老板说："你知道 A、B、C 吗？"他便会问："你怎么知道的？"我说："我正在看关于这个的报告，然后思考了一下上次我们的讨论，这是我在那些讨论中发现的。"处理信息确实是一项能力。你必须有一个非常有序的信息处理系统，因此当我老板叫我去跟我说他需要这个或者那个的资料时，我就能把我的知识运用到这些事情上。

毋庸置疑，萨利姆在当助手期间学到了很多东西，在那个位置上，他看到了各个点之间是怎样联系起来的。而对于过去的经历只限于一个职能或一个业务单位的我们来说，下一项首先要做的工作就是要找到能扩展我们的视野并增强我们联系各点能力的项目。另一种方法我们将在第三章提到，那就是要开始把我们的重心放在扩展人际关系网络上。

能力陷阱

接触你专业领域之外的项目

在关于"哪些工作能帮助你变成一名优秀的领导者"的调查中，位居前列的一项是"接触你日常职责范围外的项目"。所有的公司都有一些跨业务、跨等级、跨职能的特长项目。例如，一个全球性的产品发布会可以接触到高层领导，一个跨职能项目能给人带来新机会。你的工作是找到这些项目，了解都有哪些人参与了该项目以及如何参加该项目。

例如，弗朗索瓦是某跨国制药公司的销售员。尽管他觉得他现在的工作很刺激，但和他之前在另一个公司的工作并没什么太大的不同，而且他希望自己能坐上销售和市场管理业务主管的位置。由于公司没有这样的职位空缺，弗朗索瓦另外找了三个小项目去做，这样一来不仅提升了自己的领导力，还让他在老板面前留下了好印象。他做的第一件事是，为在法国和比利时的同事组织了一次商务会议，通过这次会议，他获得了地区副总裁的关注。接下来，他为法国分公司创建并领导了一个具有竞争力的智囊团，这增加了他在整个欧洲地区的声望。这两个项目都提升了他的形象。之后，欧洲地区医疗总监任命他为一个跨职能小组的成员，该小组的任务是编写一本关于如何识别和管理关键意见领袖的手册。而他所在的国家——法国成为一个试点，由他来领导运营该项目。

很多人在做自己分外的工作时都会有所犹豫。毕竟，我们都想要为自己的私人生活争取一些时间，而这些项目工作常常会成为我们日常任务的首要解决对象。当涉及成为一名优秀的领导者时，与继续发展职能内的技能相比，从一些跨职能业务中获取经验是一个更好的选择。我的一个学生给了她的同学们一个很好的建议："我们所有人都可以一边学习工商管理硕士课程一边工作。当学习项目结束后，不要让我们的日常工作再占据我们学习的时间，把时间空出来，用这些时间来扩展你的工作范围。"

那些你从各项额外任务中获得的新技能，诸如有远见的思考和与组织外的人建立联系，都值得你花时间去进一步提升。我的一个学生参加了他们公司内一个"寻找最佳领导力实践方法"的项目，该项目的一部分是为了提升员工的融入度，从而减少重要员工的流动。这段跨职能的工作经历不仅让他了解到如何能做到非职权影响，以及让他明白了之前的工作习惯会阻碍他的发展，还帮助他发现了自己对咨询方面的兴趣，因此两年后他转到了一个咨询部门工作。

的确，在这样一个"等级纵向提升"被可以横向移动的"攀爬架式职业"（Jungle-gym Careers）形式取代的世界里，人们要参与一些"热门项目"才会取得进步和发展。这些项目能让你涉及不同的业务，解决一些新问题，理想的情况下，你还可以接触到很多与你有着不同世界观的人。

参与外部活动

当一个内部项目不可行（或其实可能可行）时，你在组织外所扮演的角色对你学习新方法并进行实践来说是非常重要的，它能提升你受关注的程度。更重要的是，能改变你对自己有限的认识，并提升你的职业前景。下面让我们来看一个例子。

罗伯特是一名高级政策专家，他非常希望自己能领导公司的一些业务，并对其损益负责。但他不确定自己是否已经做好准备，因为他注意到自己还缺少跨职能经验以及缺乏足够的财务知识。虽然他的老板史蒂夫答应给他安排一个更大的任务，但史蒂夫心里也怀疑他是否能胜任。罗伯特做史蒂夫的下属已经好几年了，像其他很多上级一样，史蒂夫仍然把罗伯特看成一个"刚入门的新手"，这也是出于好意。

为了证明自己的能力，罗伯特只能通过更努力地工作来证明。公司准备发布一个重要的新产品时，他所在部门的工作会变得很忙。他第二个孩子的出生已经使得他参与外部活动的计划中断，这次新产品的发布更是让他没有时间参与之前那些能让他了解行业现状的会议。由于对发展前景越来越迷茫，最终他改变了行动计划。他决定继续参加那些外部活动，从而为升职创造更多的机会。

一开始，罗伯特不知道该从何做起，因为他之前参加的外部活动最多只能帮他获得一个级别更高的员工职位而已。之后，他偶然发现一家专注于创新的工业集团正在探索一款小众产品。利用对自己所在公司的认识，罗伯特自告奋勇地组织了一个座谈会。建议他组织这个座谈会的人是一个叫托马斯的企业家，托马斯正在快速发展一项新产品线的专利，但是没有大公司的经验，而罗伯特正好有这样的经验，这使得他们两个建立了深厚的友谊，久而久之，托马斯越来越依赖罗伯特为他解决组织的难题。

随着他们关系的发展，罗伯特发现自己的知识和经验都有了很大提升，都超过了日常职能的范围。这一新的发现间接地对罗伯特的做事方法产生了很大影响。他越来越好奇其他部门的人做些什么工作，开始问一些不同的问题，对自己提出的建议也越来越自信。他学会了重新分配自己的时间，腾出更多时间来扩展自己的外部利益范围。身边

的人都看到了他的转变，一段时间后，他的老板和同事都
开始关注罗伯特的想法。

再多的自省也没办法给罗伯特带来他现在所获得的能
力，这一切还要感谢他和托马斯建立起的关系。最终，他
在托马斯眼中的形象帮助他建立起自信，而正是有了这样
的自信，他变得更有闯劲，更有说服力。

下面我们再举另一个关于参加外部活动如何能帮助自
己成长的好例子：大卫之前是项目融资和融资杠杆方面的
专家，后来成功地成为欧洲商业银行的区域经理。他的管
理方法非常符合未来发展的趋势，但是欧洲衰退的经济环
境限制了他发展的可能性。由于害怕出现职业高原（Career
Plateau：美国心理学家弗朗斯提出，是指个体在职业生涯
发展中的某一个阶段，其所能够获得的进一步晋升机会的
可能性非常小），他做了以下两件事。第一件事是，他自
愿参加位于法兰克福市总公司的一个大项目。该项目需要
他每周腾出一两天的时间去和一群之前不认识的高级管理
者建立联系（这使得他不得不把更多的日常工作分派给下
属去做）。第二件事是，他参加了青年总裁组织（Young
Presidents' Organization），在这里他建立了更多的人脉，
帮助他用更有创造性的方法去思考下一步可能要走的路。
像罗伯特一样，大卫过去不知道他该怎样从另一个不同的

方向去改写他的简历，因为公司里很多人都只是遵循着一条更为传统的路。但在青年总裁组织里就不是这样的，在那里他学到如何计划并输出自己的想法，并且有了更多的选择权。

如果你觉得自己已经停滞不前或是缺乏新鲜感，那就参加行业会议或者其他聚集各行各业的专业聚会来增长你的见识。从你获得的最新利益中获得提升，而不仅仅是从过去的经验中获得提升。例如，我的一个学生每天都找机会在会议上发言。最近，他在公司的会议上谈论了在尼日利亚的生活，他在那里工作了很多年。一开始，他先放了一段在拉各斯日常生活的视频，然后与一些要出国的候选人进行了问答讨论。这些活动比他预想的要值得去做："我发现树立你的个人形象能增加你参与战略性讨论的机会，还能让你暂时放下手头烦琐的日常工作。"

学会看一些你了解的或是你想要去了解的教学视频、演讲视频或是博客，如果没有你所需要的，那就自己创造一些。例如，某互联网商务公司的部门经理在一个月的时间里，通过与不同组织的市场专家进行早餐会，创建了她自己的市场专家团队。这些外部活动能帮助你看见更多的可能性，增加那些可能在下一个角色或项目里能帮助你的人对你的关注度。正如罗伯特所发现的，在这个过程中，它能促使你摆脱那些需要耗费大量时间的日常工作，你并没有必要在这些事情上花费太多精力。附加材料"谢丽尔·桑德伯格所参与的外部活动"是证明参加外部活动受益良多的另一个好的例子。

谢丽尔·桑德伯格所参与的外部活动

我们大多数人应该都知道，谢丽尔·桑德伯格（Sheryl Sandberg）是脸书的首席运营官，她无所不在的身影让我们都认识了她。真正让她被大众所熟知的，是之前她在 TED 上关于"参与外部活动而不做日常琐事"的演讲。

桑德伯格是一个非常喜欢观察周围环境的人。在注意到硅谷缺少女性后，她确定了一些能让女性回归职业的主题，开始和别人分享她所观察到的东西，一开始只是一些非正式的小型聚会。当她的想法与他人产生共鸣后，他们鼓励她把这些东西公布出来，所以得知要上 TED 做演讲时，她明白是时候公布了。

TED 演讲像花粉一样扩散传播出去，她收到了很多邀请，先是巴纳德学院（Barnard College）的毕业演讲，紧接着是哈佛大学商学院的邀请（Harvard Business School）。这三段演讲的点击率迅速超过百万，这样的影响力，除了史蒂夫·乔布斯以外，几乎没有哪个公司的 CEO 能做到。随后，大家都知道她出版了畅销书《向前一步》（Lean In）。

在此之前，没有人表现出对"女性工作场所"的话题有如此大的兴趣，谈论得如此深刻。这与桑德伯格运营脸书的工作有什么关系呢？《向前一步》一书给她带来的名声不仅帮她吸引了更多的女性使用脸书，同时奠定了她在脸书上的地位，扩大了她的人际关系网络。

结合个人经历谈谈"为什么"

TED 讨论和演讲取得的巨大成功推动了大量畅销书和培训班的发展，这些畅销书和培训班教人们如何像在 TED 舞台上的那些人一样演讲。人们都很想看这方面的畅销书或是参加培训班，因为现今无论我们从事什么样的工作，沟通都是一项非常重要的技能。在成为一名优秀领导者的过程中，我们同样发现需要把想法展示在更多人的面前。这些人不一定和我们有着同样的想法，也不一定在同一个专业领域范围内。所以，要想让越来越多的人听懂我们的想法，通常需要学会讲一个好故事。

TED 演讲有一个任何人都可以遵循的小秘诀：以演讲者的个人故事开场，这个故事会说明并引出演讲者想要表达的观点。只要听众被故事所吸引，演讲者想要表达的观点——技术或是科学的部分——就更容易被听众接受和记住。演讲者常常在最后揭示出故事的寓意，提醒听众他想表达的东西不管有多晦涩难懂，都可以通过个人亲身经历来将其具体化。

例如，作家伊丽莎白·吉尔伯特（Elizabeth Gilbert）演讲的主题是"创造性天才的本质"，开场她讲述了当她所著的《美食、祈祷和恋爱》（*Eat, Pray, Love*）一书出乎意料地获得成功后，她所陷入的困境。所有人都告诉她，包括她自己也相信，在 30 岁的时候登上了成功的顶峰，那么接下来便会开始一直走下坡路了。那么，之后的几十年该如何激励自己继续做作家呢？她通过研究创造力的过程来寻求这个问题的答案。由此发现几个世纪以来，有关创造力的观点在不断地变化，从将天才视为后天所得到的东西这样一个陈旧的观点转变为如今认为天才是先天所带有的特质的新观点上。该研究帮助她了解到我们不能直接创造一些非常有创造性的工作，因为我们常常无法控制自己的灵感。我们所能做的就是做好需要做好的部分，那就是每天都遵照一定的系统去做事，如此一来，在某些对的时候，灵感就会来临。

心理学家杰罗姆·布鲁纳（Jerome Bruner）指出，如果一个信息重复 20 遍，那很有可能会被准确记住；如果用一个结构合理的故事展示你想表达的东西，那么它们会比事实和数字留在脑子里的时间更久。如果吉尔伯特只是说出她的研究并举出一些"创造性天才的本质"的例子，那么我不知道我能记住多少她所说的内容。但是我记住了她的故事，当文学界将她推到顶峰后她依旧每天努力写作。当我们希望别人相信我们所相信的，一个好的故事就会变得尤为重要，因为这样他们才会按照我们所希望的那样去做。从很久以前开始，像吉尔伯特这样与"挑战"有关的好故事就可以测试、塑造，或是揭示领导者的性格、目的。附加材料"一个好故事所需具备的要素"告诉我们，演讲者要带领观众融入他的演讲时，他所讲述的故事需要具备的一些基本元素。

一个好故事所需具备的要素

从《安提戈涅》（*Antigone*）到《卡萨布兰卡》（*Casablanca*）再到《星球大战》（*Star Wars*），所有好的故事都遵循"开始—高潮—结尾"这样的结构和以下一些基本要素：

主角：听众需要一个关注点，所以故事中要有一个人或一群人的经历能让听众感同身受。

催化剂：故事开始时，催化剂是促使主角开始行动的一些事。世界在不断变化中，所以一些重要的事总是处在危急关头，这时就需要主角来解除危机。

痛苦与磨难：在故事中间的高潮部分，重重阻碍让主角产生迷茫的情绪，让他面临斗争和难题，从而主角会发生一些本质上的改变。例如，在《奥德赛》（*Odyssey*）中，主角在远离家乡的荒野中漂泊游荡，其间经历的各种艰难困苦塑造了他坚强勇敢的性格。

转折点与决心：在故事快要结束的时候，会有一个转折点，在这个转折点之后，主角的想法或是做事方法都会发生改变。最终，主角可能会获得巨大的成功（也有可能是一个悲惨的结局）。

你的信仰是什么？你是如何产生这样的信仰的？答案都在你的故事里：你的成长过程，那些塑造你性格的经历，需要从容应对的挑战时刻，以及给你重要教训的失败经历。当我们希望别人能了解自己时，会与其分享我们的童年、家庭、教育经历、初恋、政见的发展等。我们为什么会购买一些著名领导者的传记或是自传？因为我们想要更多地了解他们的成长经历，关于他们的丰功伟绩、他们的创伤以及他们的小缺点，而并不是那些关于他们如何增加利润的五点计划。然而，对大多数人来说，我们已错失良机，没有机会在工作中去讲述自己的故事。

或许你已经知道你最好的故事是什么，那么现在需要学习的是寻找对的时机和对的方法将它们展示出来。一种方法是，关注那些善于讲故事的人，观察他们是如何做演讲的。此外，试着多去练习能够对你产生很多帮助。上述提到的工作拓展方法最大的好处之一是，它们能给你提供现成的、活生生的听众来听你讲故事。

在任何情况下，你都有可能被问道："你能给我们讲讲关于你自己的故事吗？"或是"你做了什么？"又或是"我们要去哪里？"以你自己的故事作为开场白，在每一次演讲中都自发地提到。如果你觉得这个步骤非常重要，那就加入一个像宴会主持人（Toastmasters）一样的组织，或是参加演讲班，在那里有一群陌生的观众来听你演讲。当你的演讲能力提升以后，抓住公司里的机会，如告别晚宴或年会来进行展示。我的一个学生偶然参加了一个演讲班，又碰巧有机会让他在公司里进行一次大的演讲。他没有展示幻灯片，而是讲了自己的三个故事。他告诉我，他的演讲从来没有获得过这么多赞赏。

一遍又一遍地讲述你的故事，一遍又一遍地修改你的史诗体小说，改到你满意为止，改到最能打动人、最真实的那一版为止。

放松你的日程安排

很多年前，一个不为人所知的管理学者约翰·科特（John Kotter）拿着一部手持相机，跟踪拍摄了一群总经理的生活，看看实际上他们每天都在做什么（和大家以为他们每天所做的恰恰相反）。最令他惊讶的是，最成功的管理者看起来反而是最没有效率的那个。

他们大多数时候的工作并不是在计划好的会议上完成，甚至不在自己的办公室或会议室。很多时候，他们的工作看起来并不像真正意义上的工作。他们会到处走动，不时地出现在各个办公室里，与重要客户在机场休息室进行长时间的讨论，等等。这些"碰巧"的会议通常都非常短，随机性很强。每个管理者都能从这些简短的会议中获取所需信息，讨论重要的事务，或是加强与合作伙伴的联系（通常都是男性）。比起进行报告或者正式的展示，这些看起来没有系统性可言的事正是那些成功管理者的日常工作。

此外，科特还记录了管理者的日程安排。正如你所预料的，效率高的管理者的日程安排和效率低的管理者的日程安排有着明显差别。但是和你所想的又不完全一样，最有效率的管理者的日程表上有着大量的空闲时间：很多没有安排日程的时间。而效率较低的管理者的日程表上挤满了各种会议、出差、电话会议或是正式报告。

因此要成为一名优秀的领导者，我们需要一种非常稀缺的资源来进行改变——时间。如果你和我所教的大多数学生一样，那么就意味着日常工作和即时需求占据了你的时间，让你没有时间来进行那些非正式的领导工作。当你把自己的时间都安排满了，你很难空出时间来想一想，自己是否把精力都放在了正确的事情上。正是因为时间有限，而要做的事又很多，所以我们没办法从日程表上空出时间。

美国哈佛大学经济学家森德希尔·穆莱纳桑（Sendhil Mullainathan）和普林斯顿大学心理学教授埃尔德·沙菲

尔（Eldar Shafir）合著的名为《稀缺》（*Scarcity*）的书中，在缺钱和缺时间之间做了一个很有意思的对比。他们指出，两者都能将你限制在一根"管子"（Tunneling）中，人们只能看到"管子"中的事物，虽然这能给我们带来短期利益，但从长远来看，反而会起到限制作用。

穆莱纳桑和沙菲尔用某医院的故事来证明这个观点。该医院的病房常常被提前预约满，而由于病房都满了，所以当有急诊时——常常出现这样的情况——医院只能把手术计划拖延。"因此，医务人员常常在凌晨两点还在做手术，而医师们常常要等上好几个小时才能做大约只有两个小时的手术，其他工作人员也常常不定时地加班。"因为医院的手术经常滞后，所以经常需要不停地重新安排工作，从而造成了一个低效又高压的工作形式。

像大多数遇到问题的公司一样，医院从外部聘用了一个顾问，他提出一个令人惊讶的解决方法：空出一个手术室来应对急诊病人。像我们大多数人都会有的反应一样，医院的管理者说："我们都已经非常忙了，他还要我们空出一个手术室，这太过分了。"

对于很多过于投入的人来说，他们无法想象把花费大量时间一直在做的事停下来重新组织，更不要说放弃有用或是没用的珍贵资源，医院管理者也产生了同样的怀疑。

但是空出一个手术室的方法奏效了。有了一个空手术室后，医务人员能更有效地处理一些紧急病例，不用重新计划所有的一切。因此，他们加班的时间减少了，手术的效率也提高了。

所以这个道理是说给一些把计划安排得过满的管理者听的。我们需要明白，越是在最忙的时候，越需要空出一些时间来应对一些意想不到的事。如此一来，才能像科特调查的一些高效管理者所说的：空出的时间我们都用来提升了自己的领导能力。

先加"新角色"再减"旧工作"

在分配时间时，可能会遇到两个非常不一样的问题。第一个问题是，花时间去做你认为真的重要的事，而不是那些非常紧急的事，这个问题虽然有些难但还是比较好解决的，可以依靠一些可靠的技术来解决；而第二个问题则更难，那就是如何改变你对所谓的重要的事的看法。

处理第二个问题的唯一办法就是多参加一些之前没有参加过的活动，让你学会从不同角度去思考，思考你应该做什么以及为什么要去做的问题。跨职能角色能帮你更容易适应外部的环境，熟悉你专业领域外的项目以及公司外的各种活动。这些投资也许不会立即显示出成效，你只需要先加上这一部分投资，暂时不用减少太多对过去常做事情的投资。"开始行动起来：开始改变你的工作"小节教大家如何减少那些效率低的日常工作。只有当新角色开始产生效果时，你才会有动力放手过去阻碍你进步的日常工作。

开始行动起来

开始改变你的工作

» 接下来的三天，开始观察那些你认为很优秀的战略思想家或是有远见的领导者。学习他们是如何与别人交流、如何思考的。

» 之后的三周里，参加一个你专业领域之外的项目（公司内部或外部都可以）。

» 再接下来的三个月里，看一些TED演讲。多关注演讲者们如何讲述自己的故事，如何从自己的故事中引导出自己想要表达的观点。然后寻找你专业领域范围内一些擅长演讲的领导者，听他们是如何进行演讲的。同时报名参加一个演讲训练班。

总 结

✓ 过去的成功会造成一个能力陷阱。当以下三件事发生时,我们就会跌入能力陷阱:

· 你喜欢你的工作,因此就会做很多这样的工作,从而越来越擅长这份工作。

· 当你把时间分配在你所擅长的事上时,你就会花较少的时间去做其他重要的事。

· 久而久之,你就需要付出更多的代价去学习新的东西。

✓ 如果你跌入了能力陷阱,你就不会去做以下四件事。如果你想要像领导者一样行事,你就需要花时间去做以下四件事:

· 像桥梁一样连接不同的人或组织。

· 做一些"有远见的事"。

· 提升影响力。

· 将想法与个人经历结合。

✓ 我们很难直接就学会这些事,尤其是当它们还没有产生效益时。不管你的情况是什么样的,以下五件事可以让你目前的工作成为一个平台,从而提升你的领导力:

- 增强你对形势的定位感。
- 接触你专业领域之外的项目。
- 参与外部活动。
- 结合个人经历谈谈"为什么"。
- 放松你的日程安排。

第三章

建立良好的人际关系网络

如果要给各项领导能力的重要程度打分，将满分设定为五分，那么我的第一问题是："建立一个良好的人际关系网络"这项能力对实现你的目标来说有多重要？你能给它打几分？我的学生当中，很多人都认为该能力至少应该有四分。不管你是否愿意去经营你的人际关系网络，我们都不得不承认良好的人际关系网络对于能力的提升以及未来的成功都有着至关重要的作用。

那么，良好的人际关系网络是如何为你服务的？首先，它能让你的消息变得更灵通，更容易获取最新的信息；其次，它让你更富有创新精神，为你的创意提供更坚实的基础；最后，它还可能在你遭遇危机时，助你脱离险境。这样的例子不胜枚举。

如果你想成为一名优秀的领导者，良好的人际关系网络必然成为获取最新策略并吸引合适人才的有力工具。首先，它会是一条重要渠道，通过它你可以把自己的想法推销给那些你需要争取合作的人，并获得他们的支持，再通过实际行动，去告诉那些不相信你想法的人该想法的可行性。其次，良好的人际关系网络还可能帮助你了解当前的政治动态，以免你的想法受其阻碍。此外，它还能帮助你改善工作环境和氛围，即使你现在所扮演的角色或是工作任务并未发生改变。而如果缺少一个良好的人际关系网络，你事业目标的达成可能会受到限制。最后，拥有一个良好的人际关系网络，还意味着你有一张高效的"雷达网"，通过这张"雷达网"，你可以寻找到下一个能给予你帮助的人，或是找到那些可能认识你的人，并从中了解到他们对你的真实评价。总之，良好的人际关系网络是提升你外在表现力的重要依靠。

图 3-1

通过在公司内外建立良好的人际关系网络来提升你的外在表现力

现实中，即使一个人知道人际关系网络的重要性，也并不代表他会花足够多的时间和精力去经营好它，让它变得更强更可靠；我们多数人即如此。对此，我提出第二个问题：你会给你当前的人际关系网络打几分？

我猜第二个问题的分值不会太高。我的学生们大多数给自己打了两到三分。很多人都承认，依照他们自己的标准，他们的人际关系网络还有很大的提升空间。

本章将会告诉你如何建立一个更强大的人际关系网络。一开始，我们首先会讨论你对于人际关系网络的态度是如何限制你发展的，以及你目前的人际关系网络是否会为你带来新的想法。接下来，我们将会验证人际关系网络的三个重要特性会如何影响你。最后，我们将制订出一个能帮助你建立广泛多元的人际关系网络的计划。

下面我们先来评估一下目前你的人际关系网络的情况。附加材料"人际关系网络评估"让你对自己当前的人际关系网络进行一个快速评估。材料中的问题是我在课上给学生们做评估时用的缩减版。

人际关系网络评估

想一想，在过去几个月中，与你一起讨论过重要工作的人，写出十个人的名字（可以不用十个都写满）。可能是你向他们寻求意见，或是与他们进行激烈讨论，或是他们帮你评估你的机遇，或是帮你策划一些重要的计划。不用担心他们的身份，只要把最近帮助过你的人的名字写下来就好。

在下面的横线上写下他们的名字，再继续往下看。

1. _____
2. _____
3. _____
4. _____
5. _____
6. _____
7. _____
8. _____
9. _____
10. _____

想一想你所写下的这些人。在下面的横线上写下你目前人际关系网络的优缺点，分别写三点：

目前我人际关系网络的主要优点：

1. _____
2. _____
3. _____

目前我人际关系网络的主要缺点：

1. _____
2. _____
3. _____

之后我们还会回过来看你的答案。

我们都很自恋且懒惰

最近我很喜欢问学生们这个问题：根据社会科学研究，你认为以下哪一点是职业关系中最重要的决定性因素？在以下选项中选出一个：

1. 聪明才智

2. 吸引力（包括外在美和内在魅力）

3. 相似度

4. 地理位置相近

5. 社会地位高

接受调查的人大多数选择了"相似度"（正确答案），或是"吸引力"（"相似度"的另一种说法），因此研究结果表明，那些与我们相似的人更容易影响我们。当然，我们也许会被一个人的聪明才智所吸引，或是因为其社会地位高而崇拜他们。但这里我们所说的是互相吸引，只有当两个人有相似的聪明才智和地位背景时，两人之间才会产生互相吸引的化学反应。

我把这种行为称作关系构成中的"自恋原则"（Narcissistic Principle），这是社会科学研究数十年来得出的一个非常强有力的研究结论。通常情况下，我们自然而然地会被那些与我们相似的人吸引。在他们的想法还没有被证实是否可行之前，我们就会对他们给予肯定，并帮助他们创造更多的条件来增加其想法的可行性，从而彼此之间的关系就能得到进一步发展。在受到威胁或是模棱两可的情况下，自恋感会越发强烈，因为我们需要依靠他们来寻求安全感并获得肯定。进化心理学家解释说：这种原始本能的产生，来源于史前时代。在那时，我们需要快速确定一个陌生人是潜在的朋友还是敌人，如果判断出现错误，那么我们就会付出惨重的代价。

一些学者指出，我们习惯用"和我很像"这一指示语来评价一个新加入者，这样的思维倾向是很难改变的，即使是在这样一个需要多元化的商业世界里也很难改变。例如，一系列著名的研究发现，求职面试的成功与否取决于面试官在最开始的几分钟内对你的第一印象。如果双方一开始就有很多共同点，比如他们是老乡、同一个学校毕业，或是有一个都认识的朋友，这样求职者应聘成功的概率会大大增加。

如果没有这些共同点，彼此之间就很难产生关联。在INSEAD，每天都有这样的例子。我的课堂上，学员来自世界各地，既然大家都聚集在此，那就证明彼此之间应该有很多的共同点，但是在吃饭的时候，大家还是习惯于和自己的同胞坐在一起。在一个公司内部，同样会分成不同的"部落"——同一个部落里的人有着同样的技术专长、行业术语、行为准则、民族文化、教育背景、事业前景等等。因为去了解别的部落的成员要花费更多的时间和精力，因此得出了关系结构中的第二个原则："懒惰原则"（Lazy Principle）。

调查结果显示，在"相似度"之后第二重要的决定因素是"地理位置相近"。我们不仅自恋，而且还懒惰。我们喜欢接触那些容易接触到的人，因为那样不需要付出太多的努力。下面我们来想一想，如果一个公司的办公室分散在不同的地方，那么通常情况下，大家只会与邻近办公室里的人建立联系，甚至只是和同一楼层里的人建立联系，并且大多数人都是来自同一部门或是同一小组。工作之外也会产生很多的相同点。一项有重要意义的研究发现，一栋楼的邻里间产生友谊的可能性要远远大于不同楼里的人们产生友谊的可能性。很多友谊都是在同一楼层里的人之间产生的。

如果你的人际关系网络只是在这样自恋和懒惰的原则下产生的，那你可能很难跟上世界发展的最新趋势，更别提去领导别人。不像那些受业务支配的领导者，高效领导者会创造且利用人际关系网络来产生新的观点，与不同领域的人建立联系，从而能彻底地产生一些不同的看法。我

们将会看到，当高效领导者遇到困难时，他们可以向很多
人寻求帮助；当他们提出新观点时，也会有很多人支持他
们。这些领导者明白，把时间花在建立和维持人际关系网
络上是对提升领导力的一种必要投资。因为没有人能够知
道所有问题的答案，或是总能提出一些正确的问题，所以
领导者建立起一个多元化的人际关系网络来填补自己的空
缺，是非常重要的。

　　接下来我们需要了解，要像领导者一样行事并不只是
与你所做的事有关，还与你所结交的人有关。附加材料
"领导者们是如何利用人际关系网络这一基本工具的"总
结了这一点。下面我们将看到，为了成为一名优秀的领导
者，你需要有一个多元的、广泛的、动态的以及跨领域的
人际关系网络来帮助你进行改变，参与你能扮演一个更大
的领导者角色的任务，并促进你的职业发展。

领导者们是如何利用人际关系网络这一基本工具的

- 感知发展趋势并寻找机会。
- 与各领域的领袖和人才建立联系。
- 跨领域合作以创造更多价值。
- 避免群体思维。
- 提出突破性想法。
- 获得工作机会。

第三章
建立良好的人际关系网络

思维定式会造成人际交往陷阱

很多像罗伯特（见第二章）一样的管理者不仅限制了他们的领导能力，还限制了他们的发展前景，因为他们坚持从旧的人际关系中了解情况，获取观点和建议。正如之前提到的一样，罗伯特在同一个岗位上挣扎了好几年，他越来越觉得无聊和迷茫，这些工作他闭着眼睛都能完成。他对公司和给过他机会的上司很忠诚，但是上司并没有看到他的领导潜能。因此他与其他高管建立联系，希望他们能指导他从而打破现在的僵局，但这些努力并没有用。他想，是因为他太没有耐心了吗？

事实上，内向的罗伯特不需要更多的导师了，而是急需扩展他的视野，这样他才能发展自己其他方面的能力，告诉他的上司们他们对他的看法已经过时了。因此他不得不突破自己的性格限制，迫使自己开始与"屋外"的人进行交流。

一开始，他与过去的一些同事一起吃午餐，这些同事跳槽去了同一行业的其他公司或是一些初创公司。他与猎头进行交流，甚至与健身馆里的人聊关于事业的事。这些不断增强的外部人际网络帮助他了解到了他所在行业的整体情况，也了解到其他人是如何转变成一名优秀的领导者的。这些新的关系让他发现了自己新的优势和经历——这样一个新成长的自我形象，最后帮助他建立了自信。

当他看到新的人际关系网络给他带来的价值后，他也就不再担心该如何分配时间去建立关系。遗憾的是，在我们了解人际关系网络到底是什么，能给我们带来什么好处，通过这一网络我们能为别人做什么之前，我们是不会把时间投资在这上面的。对每一位看到维持一个广泛多元的人际关系网络价值的管理者来说，如果不是因为讨厌，那就需要更多的努力来克服先天性格上对建立人际关系网络的排斥心理。

在我的学生中，很多人说他们发现人际关系网络的本质是虚伪的——从别人那里获取支持的一种手段，因此你有义务去回报他们。卡洛斯是一家消费品公司的产品经理，他认为人际关系网络实际上就是在"利用别人"。对他来说，这种能提供支持、见解、信息以及其他资源的人际关系网络相当于"当我需要他们时，就让他们排着队，然后选一选谁能帮助我"，这非常虚假，充其量只是一种冠冕堂皇的利用人的手段。卡洛斯并不是唯一这样想的人，附加材料"当人际关系网络让你觉得卑鄙时"中，很多人都表示带有目的性的人际交往会让他们觉得"不干净"。

当人际关系网络让你觉得卑鄙时

三名商业学院的教授蒂齐亚纳·卡夏罗（Tiziana Casciaro）、弗朗西斯卡·吉诺（Francesca Gino）和玛丽亚姆·古阿奇（Maryam Kouchaki）通过自己的亲身经历以及她们的学生们的故事，决定研究人们对"工具性人际关系网络"（Instrumental Networking）的强烈厌恶。她们把这种"工具性人际关系网络"定义为试图建立人际关系来获得晋升［与之相比，个人人际关系网络（Personal Networking）是一种很自然地建立起友谊的学生式人际关系网络］。

她们进行了两次实验后发现，有些研究对象就算只是想想这样的关系都会让他们觉得很肮脏，然后他们不自觉地想要洗澡或刷牙把自己"洗干净"，比起一些像便利贴或一杯果汁这样的中性产品，他们更愿意使用一些诸如 Windex 清洁剂、多芬肥皂以及佳洁士牙膏之类的清洁产品。

为了确保研究范围不仅仅限于实验室内，她们进行了第三次研究，此次研究对象是北美一家法律事务所的律师们。她们发现人们的权力越大，越不会对人际关系网络产生疑虑。她们让研究对象进行了关于人际关系网络活动的填表调查，还填写了一些问卷。问卷上需要完成一些句子，如："当我经营自己的个人人际关系网络时，我常常会觉得……"有"肮脏""可耻""虚伪""不舒服"，或是"开心""兴奋""渴望"以及"满意"这些选项。研究发现，研究对象在公司里的职位越高，就越少会选择一些消极词语。

为了更好地研究"工具性人际关系网络"和"个人人际关系网络"让人产生的感觉之间的对比，研究者认为应该去除不同权力等级的影响，因此她们又进行了第四次研究，此次研究她们给定研究对象一个相同的等级以及相同的网络类型。她们先把研究对象的身份设定为两类：一部分职位很低，而另一部分职位很高。接下来，她们让其中一些人在领英（商务类社交网络）上发消息来建立一些职业关系网，而另一些人在脸书上发消息建立一个个人关系网。在调查参与者的感觉后发现，在脸书上发消息的参与者都认为人际关系网络并没有那么肮脏，而在领英上发消息的参与者则觉得人际关系网络比较肮脏。但是，当他们在领英上发消息时，比起被定位为高职位的参与者，被定位为低职位的参与者更多地会选择清洁产品。而被定位为高职位的参与者不管是在领英还是在脸书上发消息，对产品的选择都没有太大的不同。

　　研究者从而得出结论（综合自己的研究和他人的研究所得出的），"工具性人际关系网络"对人们的事业有多么重要？她们发现人们在这种网络中的舒服程度与自信有关；调查者中，高级律师不会觉得职业关系有什么不好的，因为他们相信自己能在这个网络中做一些有价值的事；而职位较低的一些人则会怀疑他们所做贡献的价值，在一个互惠互助的关系中，他们更多地觉得自己是在请求别人做事，与别人不在同一个等级上。

　　因为经营人际关系让他觉得是对自己诚信的一种不忠，所以卡洛斯选择继续待在舒适区域，这个舒适区域是指他在自己的地区业务中建立的长期的关系，他在该地区有着良好的人际关系网络。卡洛斯是一个外向的人，因此他会参加很多工作外的活动，比如和俱乐部里的人一起去打高尔夫球，这样加强了他和客户、团队伙伴甚至是工作组以外同事的关系。由于他所有的时间都是在家乡巴西度过的，相比那些经常在世界各地跑动的同事，他的战略关系就没有他们多。因此他现在最需要的就是让那些能提拔他的决策者认识自己。"我知道从战略的角度来看，我应该与很多人保持联系，"卡洛斯说，"但是我一直待在巴西，所以和不在巴西的人保持联系太费劲了。我应该怎么做呢？难道要给他们发一封邮件说：'最近好吗？'这对我来说太虚伪了，我更喜欢直接说：'我们来谈谈这项业务吧！'我知道我应该处理这些人际关系，但这对我来说真不简单。"

像卡洛斯一样，很多没能成功建立广泛人际关系网络的人都辩解说，这是因为自己的个人价值观的影响。本书第一章中提到的雅各布也告诉我，他对这种带有目的性的行为的厌恶使得他没有办法建立起一个必需的人际关系网络，他认为"关系应该是自然而然发展起来的"。此外，他那井井有条的跨国大公司给他铺垫的职业道路并没有给他提供建立跨界网络的条件。"我的公司就像一个茧：每一件事都安排得有条不紊——在这个世界里，你不需要与外部建立联系，甚至管理课程都是在内部进行培训——把公司在世界各地的人都聚集在一起"。他那有限的人际关系网络使得他很难了解到销售、金融以及其他职能领域的需求，因此不管他花多少时间待在办公室思考，都很难把这些多元视角联系起来提出一个可行的商业战略。

在转变过程中，一些人开始慢慢接受这种转变，在相互影响中一点点改变。另一些人觉得这事太过政治性而不接受，结果他们的能力没办法得到提升，因而也无法继续朝着目标前进。正如我们第二章里提到的，招募股东，与伙伴和支持者建立联盟以及感知外部形势，这些都是领导者应该做的工作。当我们把人际关系网络定义为本质上是为了实现自我利益，甚至有些肮脏时（或是别人给你的人际关系网络下定义时），我们常常就会先去解决当务之急以及处理个人关系，而不是把时间投资在不确定能否获得回报的长期战略性人际关系网络上。如果要把人际关系网络想得更高尚一点、更吸引人一点，唯一的办法就是去做，然后感受它给我们带来的价值，不仅仅是给我们自己，同时还给我们的团队和组织带来的价值。

缺乏人际交往的经验常常也会让人们质疑他们时间分配的合理性，尤其是当人际关系和手边的工作没有联系时。如果我们没有把人际关系的建立看作我们工作和责任的一个组成部分，我们自然就会发现我们很难挤出时间去做这件事。当我们已经很难挤出时间去做实质性的工作时，为什么我们还要去扩大那些带有投机性质的人际圈？附加材料"让你不扩展人际圈的陷阱"总结了一些反驳以上想法的观点。

像这样的陷阱会蒙蔽那些有能力的人的双眼。它们让你更容易患上自恋和懒惰综合征，它们会让你的思维变得狭窄，限制你的领导能力。你待在一个既舒适又封闭的圈子里，你和你的团队都经不起外界环境的变化，遇到突发情况时只会措手不及。更糟的情况是，你会让依赖你的伙伴觉得你的效用越来越低，因为你无法给他们提供新的信息（或是不能帮他们达到新的高度）。跨过这些陷阱，你才能知道不同的人际关系网络是如何产生不同的作用的。

让你不扩展人际圈的陷阱

- 你认为经营人际关系网络不是一份具有实质性的工作。
- 你认为经营人际关系网络是在利用别人，是一种很虚伪的行为。
- 你认为经营人际关系网络要获得回报是一个长期的过程，而你还有更多紧急的事需要处理。
- 你认为人际关系网络应该自然而然地建立起来，而不需要苦心经营。

构建你的人际"盘丝网"

毫无疑问，你已经建立起了一些人际关系网络，现在的问题是你建立起的网络是哪一种类型。

我们可以把人际关系网络分成至少三种类型，分别是运营关系（Operational Networks）、个人关系（Personal Networks）和战略关系（Strategic Networks），这些关系在帮助你成为一名优秀的领导者的道路上起着至关重要的作用。良好的运营关系帮助你处理当前的内部事务；个人关系帮你提升个人发展空间；而战略关系则侧重于帮你找到新的商业方向，并为你寻找能帮助你的股东。在如何建立和利用好运营关系和个人关系方面，人们之间的差异很大，而且我发现几乎没有人能充分利用战略关系。下面我先简单介绍一下这三种关系类型（如表3-1）。

表3-1

运营关系、个人关系和战略关系之间的差异

	运营关系	个人关系	战略关系
目的	管理每日任务；确保任务有效完成	在个人生活和专业领域里发展，能愉悦自己并让自己获得进步	了解你所在的环境并提出战略性意见，从中获得支持
定位和时间范围	大多是内部关系；短期	大多是外部关系；短期或中期	内部和外部都有；中期或长期
主要关系	不可任意支配；主要关系大多由工作和组织结构决定	可任意支配；主要关系都由当前利益和即时工作需求决定	部分可支配，但都和战略相关；主要关系由所在产业环境和组织环境所决定

我遇到的很多人都有着良好的运营关系。你依赖这个关系中的人来把工作做好，这些人包括你的下属、你的上司以及公司其他部门的人，还有公司外一些重要的人，如供应商、经销商和客户。该关系的组成主要由你的一些短期工作需求或是日常任务来决定。当然，是否要进一步发展、优先处理哪些重要的关系取决于你自己的个人意愿。在这个关系网络中，你基本上是不能随意支配的，因为该关系主要是由工作和组织结构决定的。一个良好的运营关系会给你一种"可靠性"（Reliability），但是它除了帮助你完成职能目标和分配的任务，好像就没有更多的价值了，它不能帮你提出一些战略性和放眼未来发展的问题——"我们能采用什么新的办法呢？"

很多人的个人关系都非常多元和广泛。你可以随意支配该关系里的人，该关系中的人包括那些和你比较亲密的人，如朋友、家人和你信任的顾问，以及你通过工作、校友会、俱乐部、慈善机构认识的人，还有一些和你有共同兴趣的人。该关系的组成根据你的个人目标和喜好来决定。一种良好的个人关系能为你带来志趣相投的朋友，还能提供重要的意见，扩展你工作外的职业视野，有的人还可能成为你的良师益友，给你提供发展和支持。当你要找一份新工作或是需要职业意见时，你都会先从这个关系里的人那里获取帮助。

个人关系会花费很多时间和精力，这就是当人们日常工作很忙时，就不再发展个人关系的原因之一。当人们非常需要一份新工作时，又会重新开始发展个人关系。人们把个人交际圈看作和日常工作完全分离的东西，而没有发现运营关系和个人关系可以结合起来的潜在能力，将两者结合起来就能互相丰富和巩固。

第三种关系——战略关系是指在你未来发展道路上可以帮助你的关系。它能让你的创意被投资者看中并购买，能帮助你获取你所需要的信息和资源。要想建立一个良好的战略关系网络，不仅需要你在公司外部经营上花费时间和精力，还需要你参加更多的工作以外的活动，来提升你的外在表现力。相比运营关系，你对战略关系有更多的支配权，但并没有个人关系的多。很明显，一个战略关系是由能帮助你在未来有竞争力的人和组织构成的，有趣的是，哪些人应该出现在这个关系中常常是不太明显的。一个良好的战略关系能给你带来连接的优势：让你能够整合信息，获取支持；或者从你其中的一种关系中获取资源，而在另一种关系中得到回报。这不是一种一对一的关系，更多的是一种相互有交集的关系。

正如我们所看到的，你需要连接优势的三种基本资源来建立你的人际关系网络。当你开始读下一节的时候，你也许应该翻回本章一开始的人际关系网络评估，评估一下这些关系的特性是促进还是阻碍了你的发展。

寻找你的人际"结构洞"

你的人际关系网络的战略性优势能帮助你成为一名优秀的领导者，该优势取决于以下三点性质：

◎ **广泛性**（Breadth）：一个广泛的人际关系网络，与各行各业的人建立联系

◎ **连接性**（Connectivity）：作为桥梁连接一些在其他方面没有关联的人和团队的能力

◎ **动态性**（Dynamism）：随着你的进步而发展

我把以上三点性质称为人际关系网络的优势：广连动，或是人际关系网络的优势 = 广泛性 + 连接性 + 动态性。

广泛性：你的人际关系网络的多元化程度如何？

我的学生们评估他们的人际关系时，注意到的第一件

事是，他们和一些人谈论一些重要的工作问题，因此建立起关系，这类关系比想象中的要更加关注内部。他们开始关心广泛的战略性问题和组织变化过程时，在他们工作领域之外的人际关系对于他们领导完成任务的能力更为重要。在如今这样一个互相关联的世界里，在外部建立一个强大的人际关系网络，能让你接近环境趋势中最优质的资源，这对领导者这个角色来说是非常重要的。

我对学生们进行调查后得到的数据显示，我们仍然没有把人际关系网络的优势发挥到最大。我们建立的人际关系网络主要倾向于所在的职能、业务或是办公室相邻的团队，很少会接触到其他职能或是地理位置上离我们相对较远的团队。除此之外，在这样一个外界环境变化多端的世界里，我们仍然依赖于公司内部的人际关系网络。

正如图 3-2 的数据显示，我的学生们大部分的人际关系网络都仅限于他们所在的专业领域、所在的部门以及公司。平均来说，不到 43% 的人与其他领域和所在部门外的人讨论重要事情，而只有约 25% 的人与公司外的人建立联系。但平均数有时是带有一定欺骗性的：取值范围显示，一些被调查者完全没有从人际关系网络中获得任何洞察力的提升，并且和外部没有任何联系。

有时候你的人际关系网络可能会太过多元化：范围显

图 3-2

人际关系网络多元化：外部关注

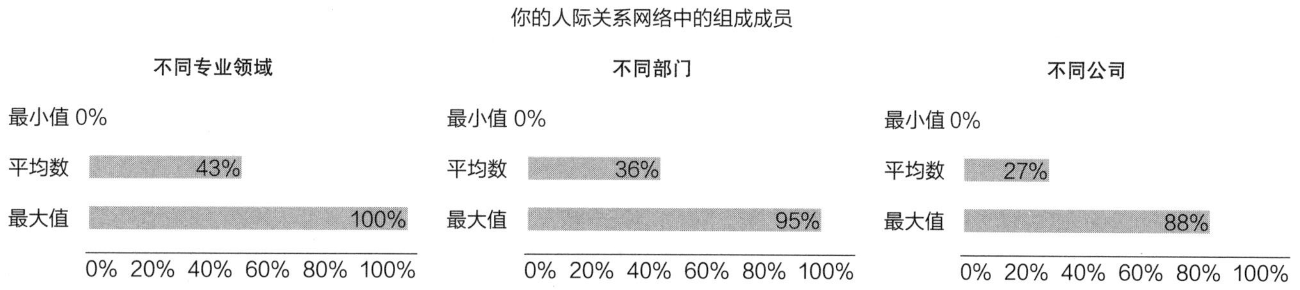

你的人际关系网络中的组成员

不同专业领域

最小值 0%

平均数 43%

最大值 100%

0% 20% 40% 60% 80% 100%

不同部门

最小值 0%

平均数 36%

最大值 95%

0% 20% 40% 60% 80% 100%

不同公司

最小值 0%

平均数 27%

最大值 88%

0% 20% 40% 60% 80% 100%

数据来源：2011 年至 2014 年间，参与 INSEAD 所开设的领导者培训课程的 156 名学员的调查情况

示有些被调查者发展了太多的外部关系，专业领域外的关系达到了 100%，部门外的关系为 95%，公司外的关系也达到了 88%。如果管理者想要换一个新工作，那么建立这么多的外部关系是可以的。如果你想把外部获得的一些方法运用到自己的公司，那么只建立起这么多外部关系对你的帮助并不大。正如我们在第二章所说的，如果你在公司内部的关系并不很牢固，那么你没有办法把外部资源和内部资源有效整合起来。

对于人际关系网络的另外一个盲点是，低估了下属的潜在贡献。管理者们在努力往上爬的过程中，只关注了更高级别的上司而忽略了与下属建立关系，而下属对于他们能否获得上司的肯定很重要，因为他们的提案要先能吸引下属。一个管理者是这样跟我解释的："如果我和更多的下属保持好关系，我就能在我的上司面前增加更多的价值。例如，最近我们在讨论一个环球人物的调查结果，我听完他们所有人的评论后说：'你们是从一个上司的角度来看这个问题，关心该如何解释这个结果，而你们下一级的人会说一些完全不同的事。'我了解他们，因为我花了很多时间和他们待在一起。"如果给你两个关系选择，与你公司的上司们的人际关系网络和多元化的人际关系网络，你会选择哪一个？研究表明，你更有可能选择后者。因为人

际关系的原则是"利益互惠"（Reciprocity）。多元化人
际关系网络的价值不仅仅在于关系网络中的人能为你做什
么，还在于你能为他们做什么。你的上司不需要你连接他
们和其他上级，因为他们已经认识对方了。他们需要你从
其他地方，如公司外部、跨领域或是下级那里给他们带来
很多新的想法、见解和最佳方法。正如图 3-3 显示，很多
管理者都缺乏一种全面看问题的能力，而这种能力你只能
从你与同事、上级和下级所建立的多元化人际关系网络中
获得。尽管平均数据显示各组所占比例大约都是三分之一，
但从取值范围还是可以看出，很多管理者会直接排除其中
的某个群体。附加材料"为什么我们需要新鲜血液？"解
释了多元化是如何帮助一个团队创造出优异成绩的。

在列出他们关系的清单时，即使是很多非常有经验的
领导者也发现他们都很自恋和懒惰，他们只和自己相似的
人建立关系，而没有起到桥梁的作用，将公司内部和外部
连通在一起。现在回过头去检查一下本章一开始列的清单，
看看你的人际关系网络是不是很广泛。你的人际关系网络
在外部发展到了什么样的程度？你的人际关系网络里是否
有不同等级和不同职能的人？

图 3-3

人际关系网络多元化：跨等级网络

你的人际关系网络中的组成成员

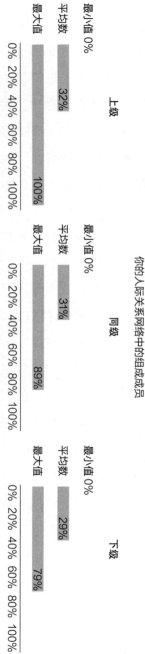

上级

最小值 0%

平均数 32%

最大值 100%

0% 20% 40% 60% 80% 100%

同级

最小值 0%

平均数 31%

最大值 89%

0% 20% 40% 60% 80% 100%

下级

最小值 0%

平均数 29%

最大值 79%

0% 20% 40% 60% 80% 100%

数据来源：2011 年至 2014 年间，参与 INSEAD 所开设的领导者培训课程的 156 名学员的调查情况

为什么我们需要新鲜血液？

　　学科研究者团队史蒂芬·乌切提（Stefan Wuchty）、本杰明·琼斯（Benjamin Jones）和布莱恩·乌齐（Brian Uzzi）决定利用大数据来研究能产生影响的想法和未能产生影响的想法之间有什么不同之处。过去的 50 年间，乌切提和他的同事们研究了 2000 万篇学术论文和 200 万项专利，并将研究结果发表在著名期刊《科学》上。通过这些研究，他们发现了不同类型的人际关系网络的差异，产生了新的想法。

　　研究表示像牛顿或爱因斯坦这样独居的天才或是孤独的发明家的时代已经结束了，创造性和科学性的工作需要以团队的形式来完成，比如近来由数百名科学家组成的大型分布式团队一起研究人类基因组计划。

　　研究显示，只成为团队中的一部分并不足以产生大的影响。那些真正好的想法更多地来自跨领域的合作，而不是在同一个大学、同一个实验室或是同一个研究中心的团队中获得的。不仅如此，那些非常成功的团队还常常把不同的事情混合在一起。他们避免陷入只和同样的人一起工作的陷阱，一些成功的团队会给你带来一些之前没有合作过的新面孔。

　　乌齐和他的另一位同事贾勒特·斯皮罗（Jarrett Spiro）也发现了这种模式同样存在于百老汇音乐剧行业和生物技术等领域。例如，在 1920 年到 1930 年之间，87% 的百老汇剧场都倒闭了，尽管有很多像歌剧大师罗杰斯和汉默斯以及吉尔伯特和沙利文这样的名人。当这群大师一直在一起工作，没有任何新鲜血液加入时，他们的创造力遭遇了挑战，财政上因此也面临危机。而那些最成功的音乐剧是由各种各样的演员在一起合作创作出来的。例如，莱昂纳德·伯恩斯坦（Leonard Bernstein）在他的作品《西区故事》（West Side Story）中选用了新人史蒂芬·桑德海姆（Stephen Sondheim）以及其他一些新的合作者，使之成为一部佳作。

能力陷阱

连接性：你的人际关系网络的连接程度如何？

到目前为止，我们看到了你的人际关系网络中都有哪些人，以及你和这些人是如何联系的。现在我们就要来看看这些人彼此之间是如何联系的，他们之间的联系对你来说有什么意义。

人际关系网络的连接性是著名的"六度分隔理论"（Six Degrees of Separation）的基础。"六度分隔理论"是由哈佛大学心理学教授斯坦利·米尔格拉姆（Stanley Milgram）在 1960 年提出的，指的是你和任何一个陌生人之间所间隔的人不会超过六个，也就是说，最多通过五个中间人你就能够认识任何一个陌生人。所有的领英用户都知道，关系网络中任何两个人之间的分离程度越小，获取你所需要的资源就越简单。

在研究初期，米尔格拉姆给住在内布拉斯加州的一群人每人一封信，这封信要送到住在曼彻斯特的一个股票经纪人手中——他们并不认识这个人。他们的任务是把信送到他手中，通过先把信交给自己认识的人，然后那个人又交给其他人，这样一个传一个，最后就能把信送到经纪人手中。米尔格拉姆发现不管把信交给谁，最后到达经纪人手中时，中间者都不会超过五个人（从而得出了"六度分隔理论"）。但是也有很多信没有送到，那是因为参与者的第一度——参与者所认识的人不认识外面的任何人，所以很多信都没办法从内布拉斯加州送出去。这些人仅仅认识自己生活圈子里的人。

当你陷入自恋和懒惰的陷阱时，类似的情况也会发生：你认识的人和你有着共同的朋友，所以信息只能在同一个办公室、同一个行业、同一个地区里传播。社会学家用"密度"（Density）这个词来形容这种人际网络性质：它量化了一个人际关系网络中人们互相认识的百分比。"密度"不是一个很完美的测量方法，但它是一个快速检测你的人际关系网络中有多少"六度"潜力的方法。见附加材料"计算你的人际关系密度"。

你很可能像我的学生一样，人际关系密度值偏高。我在课上进行了这个测试，平均密度值在50%以上徘徊，尽管相比于一些经常与诸如顾问、投资银行家、律师、猎头和审计员等外部客户打交道的专业人士和一些回炉重造的人，这个值已经很低了，但其中的最大值还是会达到100%：当与你商讨大事的人彼此之间都互相认识时，你的人际关系网络属于近交人际关系网络（没有其他更适合的词来形容）。

为了更好地了解近交人际关系网络的问题所在，我们

计算你的人际关系密度

回看一下在本章一开始列的清单，然后把他们的名字填在下面的格子中。

只填在没有阴影的地方，在两个互相认识的人的格子里打钩。如果你不确定他们认不认识，那就假定他们不认识。

从第一个人开始，如果第一个人认识第二个人，就在第一排的第一个格子打钩，以此类推，直到把名单上的人写完。

现在，根据以下步骤计算你的人际关系密度：

1. 数一数名单上一共有几个人（最多十个人）：＿＿＿＿＿＿＿＿

2. 将上面的数字相乘减去 1，再除以 2，把得出的数写在后面的横线上：＿＿＿＿＿＿＿＿

> 3. 数一数表格里有多少钩（也就是你名单上的人之间有多少联系）：＿＿＿＿＿＿＿＿
>
> 4. 把上一步中得到的数字除以第二步中得到的数字，所得值就是你的人际关系密度：＿＿＿＿＿＿＿＿
>
> 人际关系密度值越低，证明你的人际关系网络交集就越少（注意：密度值并不是越低越好，接下来我会讲到密度值太低也会是一个问题）。

来看一下人际关系密度在一个完全不同的环境下的影响：所谓的"肥胖流行病"（Obesity Epidemic）。尼古拉斯·克里斯塔基斯（Nicholas Christakis）和詹姆斯·福勒（James Fowler）两人之前只是普通的大学教授，默默无闻，后来他们证明了肥胖是会传染的，因而一夜成名。

他们分析了从 1948 年到 2015 年住在马萨诸塞州弗雷明汉（Framingham）的 12000 户居民的健康记录和社会关系。利用先进的可视化技术和细致的统计管理，他们发现胖人比较倾向于扎堆在一起，而瘦人也会偏向于和其他瘦人交往。这并不是证明了"物以类聚"，而是证明了如果和一个胖人建立联系，甚至并不是直接联系，都有可能让一个人也开始发胖。他们得出的结论是，瘦人和胖人倾向于生活在不同的、相互没有关联的社会团体中——"小圈子"（Microclimates），即在小圈子内部形成了自己的世界观和价值观，不同圈子之间有着不同的社会准则，甚至持有不同政见。在一个紧密联系的圈子中，圈子里的成员们显然没办法提出超出圈子内部世界观的认识。

在工作中，如果身边的人都是和我们一样或是之前一起工作过的，那我们的人际关系网络就会是一个回音箱，不会有新的信息传入，因为大家的资源都是一样的。如此一来，整个团队在很多事上意见都一致，一段时间后，大家所做所想都会变得差不多。附加材料"创新者所面临的人际关系困境"提供了令人信服的数据，证明了以上的研究结果。

这种情况还会在很大程度上限制你在人际关系网络中的价值，因为你没办法提出独一无二的想法。你的相对优势——你如何和那些与你一样聪明、一样努力、技术一样好的人区别开来——取决于你把那些通常不聚集在一起的人或是未融合在一起的想法和资源连接在一起的能力。

一些研究显示人际交往密度有一个最佳值：40%。不过，这在大多数情况下取决于你的工作性质。如果你的人际关系网络太过稀疏，你就缺失了一种连接性。对大多数人际关系网络来说，你只是一个"访客"（Visitor），而并非其中的"公民"（Citizen）。也许你有很多想法，或是认识很多人，但是你没办法把这些用在你自己的工作

（或是你所在的任何团队）中，因为你没有关于以下内容的内部信息：不知道如何推销你的想法，不知道有谁会反对以及如何说服反对你的人——这些都是领导力转变的关键内容（我们在第二章讨论过）。

创新者所面临的人际关系困境

芝加哥大学社会学家罗恩·伯特（Ron Burt）的研究证明了近交人际关系网络的问题是什么。

伯特对位于马萨诸塞州沃尔瑟姆的雷神公司（Raytheon：一家大型电子公司和军事承包商）的供应链经理们进行了调查，结果发现，在创新方面公司没有任何问题，但是很难把这些新想法变成现实。

伯特让这些经理写下他们关于如何加强公司运营的最好方法，然后他请该公司的两名高管评估这些想法。然后伯特绘制出谁与谁进行讨论的人际关系网络图，为了找出他所谓的"结构洞"（Structural Holes）——彼此联系紧密的群体在其圈内交流频繁，但与圈外联系甚少所出现的反差。

他多年的研究显示，那些人际关系网络能跨越这些"洞"的人能从人际关系网络中获得最大利益。因为他们能看到更多，从而知道得更多，他们也会更强大；因为其他人要通过他们和外部建立联系。

不出意外，获得评价最高的想法来自那些和外部有联系的经理。但是，大多数经理都会找身边的同事进行讨论（想一想"近交人际关系网络"），结果就是他们的想法没办法变成现实。

如果你的人际关系网络太过稀疏，你在重要角色面前的可信度和可见度都有可能会降低，他们可能并不是很了解你，

但是会根据你们共同认识的人，在心里给你一个评价（就像领英里的商务人际关系网络一样）。当你在团队中是少数派的角色时，常常就会遇到这样的问题。像之前提到的，自恋和懒惰原则是指人们倾向于与自己相似的人建立联系，因此少数派、大众派和专业人士之间的人际关系网络交集似乎都不会太多。例如，在一项关于董事会的研究中，詹姆斯·韦斯特法尔（James Westphal）发现，如果少数派董事通过其他董事和多数派董事建立起直接或间接联系，那么他们会更具影响力。这些人际关系网络交集就像是一种社会证书，增加了少数派董事的想法传播的可能性。

总之，正如马尔科姆·格拉德维尔（Malcolm Gladwell）在其所著的《引爆点》（*The Tipping Point*）一书中指出的，人际关系网络的建立需要一些"连接者"（Connectors），他们只需通过简单的几步就能与其他人建立联系，也能将其他人和整个世界建立起联系。"连接者"能看到某个地方有需求，而在另一个地方找到解决方法；或是某个地方有职位空缺，而在另一个地方能找到合适的人才；又或是能发现一个不同的训练方法、一个自身问题；等等。他们之所以有这样的能力，是因为他们离这些事的距离只有一个或两个"链长"（Chain Lengths）。也就是说，你可以通过你的朋友或是你朋友的朋友来认识"连接者"。

动态性：你的人际关系网络的动态程度如何？

自恋和懒惰的人际关系网络的最大缺点之一是，很快它就会成为历史，成为一些过去的残渣，而没办法再帮助你继续向前发展。当我们换工作、换公司，甚至去别的国家时，过去的人际关系网络会对我们造成限制，会对我们进行定性，因此在我们需要新观点或是想要做其他事的时候，这样的人际关系网络帮不上任何忙。乔尔·波多尔尼（Joel Podolny）——苹果公司人力资源部的前任经理，把这种人际关系网络的转变比工作转变发展慢的现象称为"人际关系网络滞后"（Network Lag）。要建立起一个能让我们在一个新职位上展示自己或是为未来新角色做准备的人际关系网络时，我们会特别慢。

当被问到你的人际关系网络的优势是什么时，很多人首先想到的是他们人际关系网络的质量。他们最重视那些牢固的关系，因为如果想要把事情做好，信任是非常重要的，我们通常会比较信任那些我们很熟悉的人。正如我们所看到的，那些我们所熟悉的人不一定能帮助我们成长。为了让你的人际关系网络能适应未来，你需要建立并重视之前联系较弱的一些关系，即那些目前在你的人际关系网络外围，之前并不常见或是不太熟的人和组织（见附加材料"建立一个面向未来的人际关系网络")。

建立一个面向未来的人际关系网络

　　帕姆是一家金融服务公司的经理,当她的工作更多地向外部发展时,她意识到自己还没有准备好。"我在公司内部和我专业领域范围内建立了一个良好的人际关系网络。"她告诉我,"但是在外部没有这样的一个网络或是没有外部连接点,我觉得自己还并不了解外部人际关系网络的价值。"没有人要求她思考她的人际关系网络,但她自己意识到是时候系统性地建立一个新的人际关系网络了。以下就是她建立新人际关系网络的方法:

- 以一种有意义的方式找出 20~25 个你希望与之保持联系的重要股东。
- 把这些联系人分成不同的重要组别:
　　　── 高级客户
　　　── 公司内的高层
　　　── 高级对冲基金持有者和竞争者
　　　── 高级服务商(例如,律师和会计)
　　　── 金融服务领域位于高层的女性
- 在每一个组别中,选出 3~5 个你想与之保持联系的人。
- 决定你和每个联系人保持联系的频率。

　　建立这些联系的重要性是什么呢?并不是你们之间人际关系的质量问题(目前还不是),而是要让他们从外围进入你的世界。这些联系似乎都离你有好几层那么远或是在不同的圈子里交流,这使得你要向外发展变得很难。要了解你那些较弱的关系或是更好地了解它们通常需要一个

明确的计划和策略——这些关系永远不会自然而然地发展，因为没有一个相同的环境来发展它们。但是，它们是你获得最佳外在表现力的来源。

只发展那些较强的关系的另一个问题是，它会限制你重新认识自己的能力（我们将在第四章讨论这个话题）。我调查了三十九名处在职业中期的管理者和专业人士，问他们对于职业变化的看法。我马上就发现了他们陈旧的人际关系网络是如何约束他们并蒙蔽他们的双眼的。他们的朋友、家人或是关系比较好的同事都告诉他们放弃辞职或是换工作的想法。他们的出发点也许是好的，但是当你想要发展自己的时候，他们是起不到任何作用的。尽管他们的意图是好的，但他们只会在关于你是谁以及你能做什么上限制你。因此，他们会不断地强调你想要摆脱的旧身份，甚至拼命地想要维持你的旧身份。

你还记得罗伯特的故事吗？回想一下他的目标，他想坐上公司总经理的位置，但他的导师一直觉得他能力不足，所以他的目标只能是一个白日梦。他有机会接触高层领导，但是他不相信自己——不确定自己是否有足够的能力成为一名成功的领导者。他身边的人对他的质疑更加削弱了他的自信心。你也可能遇到同样的情况：在你要改变的时候，想要从过去的导师、老板或是你信任的同事那里获得支持是一件很难的事，因为他们对你的认识仅仅停留在过去。这也就是你需要建立一个新的人际关系网络的另一个原因，你需要成长，你的人际关系网络也需要发展。

　　人际关系网络的广泛性、连接性和动态性这三大优势都是相互联系、相辅相成的。如果没有这些优势，你就没办法认识新的人，你的人际关系网络就会陷入死循环，久而久之，你就会丧失洞察力和关联力。接下来，本章会介绍一些突破这些盲点的简单方法，附加材料"你的人际关系网络出了什么问题？"总结了这些问题。

你的人际关系网络出了什么问题？

　　回到本章一开始所做的人际关系网络评估，看一看你目前的人际关系网络的优点和缺点分别是什么。下列缺点哪一项和你相符：

- 物以类聚（Birds of a Feather）：你的人际关系网络联系人都和你很像。
- 人际关系网络滞后：你的人际关系网络只停留在过去，并未面向未来。
- 回音箱（Echo chamber）：你的人际关系网络联系人都是内部成员，大家都彼此认识。
- 鸽笼限制（Pigeonholing）：你的人际关系网络中的联系人认为你没有能力做其他事。

132

如何在公司内外建立人际关系网络

要像一个领导者一样思考，首先你要建立一个新的人际关系网络。先从你当前人际关系网络的边缘开始，积极参加一些新的活动，通过朋友认识更多的人，逐渐向外扩展人际圈，并与他们保持联系，从而认识更多正在前进道路上且志趣相投的人。

展示自我

伍迪·艾伦（Woody Allen）有句著名的话："成功的百分之八十在于自我表现。"自我表现是扩展人际关系网络的伟大向导。（当然，他还说过："有时候窝在床上会更简单，所以两件事我都做。"）

正如在第二章的时候说到的，管理者们可以通过专业组织、产业集群、校友网络以及和自己相似的人来建立他们的兴趣或专长领域，从而扩大他们的工作范围。这些重要的外在表现力来源还提供了现成的人际关系网络，通过这个网络你可以很容易和外部分享并增加你所知道的事。实践平台（或是在网上也很容易建立）几乎存在于每一个你可能感兴趣的商业领域，从品牌管理到私募股权再到产品创新（这里只是举几个简单的例子）。

参与并展示自己，只是第一步，如果你就停在了这一步，仅仅是建立了你的个人网络。为了让这些网络向战略网络发展，一些有经验的管理者就会利用他们从工作和公司外部收集到的资源作为钓饵，从而在内部吸引之前没有接触过的人和团队，建立更有价值的人际关系网络，使之成为一个发展战略关系的舞台。

我遇到的很多成功的管理者都会利用他们的个人兴趣来创建自己的团体。例如，一位擅长技术的投资银行家每年都会邀请重要客户和她一起去看戏（她的兴趣爱好），以发展她的人际网络。她让助手买了很多票，并在戏剧开始前在剧院附近的一家酒店里订好自助餐。一段时间后，她和她的客户开始把当地高端技术团体的其他成员也叫来参加他们的活动。用此方法，他们吸引了越来越多的相关人士，因为很多业务都是在饭桌上谈妥的。最后，团队成员越来越多，以至于超出了她的预算，但是参与者们都不介意自己付钱，因为他们也能从中获取很多利益。通过这些活动，该投资银行家发展了自己的业务，她从客户公司那里获得的信息也为自己公司的其他部门创造了业务和想法。

该投资银行家的经历是证明我们应该如何利用个人兴趣来扩展人际关系网络的一个绝佳范例。附加资料"投资活动可以扩展你的人际关系网络"列举了这条道路上可以使用的方法。

投资活动可以扩展你的人际关系网络

- 采取策略性的方法利用一些项目和任务。
- 投资外部活动。
- 建立你个人兴趣的团体。
- 利用午餐时间、出差来和一些不常见的人建立联系。
- 要积极主动而不是消极地等待机会（例如，不要只是去参加各种活动，而是要自己去组织）。
- 利用社交媒体来宣传你的个人兴趣爱好，以此来吸引更多有相同兴趣的人。

当你习惯了展现自我之后，应该要开始考虑表达的重要性了。这个结论是从我个人经历里得出的。我发现我并没有从各种会议或是其他的一些活动中得到太多。因此，我提出了一条原则：今天，我不会参加这个活动，除非我将在活动中发言或至少能介绍发言者，又或是主持一场座谈会（当然，对于这条原则，我有时候会做额外的决定）。

我意识到在进行了二十五年的公共演讲之后，这条建议对我来说是非常容易做到的。但是，当你在一群人面前进行演讲时，人们就会认识你，最后以对你的了解来决定他们是否想要知道更多的东西。接下来要建立人际关系网络时，他们已经知道你是谁了。这些相互作用增加了你投资成功的可能性。就我而言，当我不够积极时，我常常会晚到，并在讨论的时候不时地看手机（因为我很忙，家里或工作上常常有一些很紧急的事要处理），当正式讨论结束后，我也会很快就离开，而忘记了参与这个活动的真正原因——通过不正式的活动来组建人际关系。因此，我没能从这些活动中得到太多的东西，完全在意料之中。

　　每个人都可以试着从组织一场座谈会、介绍发言者或是主持问答环节来扩展自己的人际关系网络。一开始甚至只是在座谈会上提出一个好的问题，你就能清楚地让别人知道你的名字和你的身份。你按照我的建议做几次以后就会发现，积极参与活动不会比你只是去出席这个活动花的时间长很多，相比较而言，你从建立起的人际关系网络中所获得的回报是丰厚的。我曾采访过一位有自己的咨询和演讲业务的女性数字策略专家，她解释说，她没有尝试过去建立人际关系网络，直到她在一次会议中进行了发言。很多人都觉得她太年轻了，所以无关紧要。但是在那一次会议中她发言后，他们再也不把关注点放在她的年龄上了，因为他们知道她能为他们提供相关信息。除了展示自己以外，还要抓住每一次能发言的机会。

利用你的二度分隔理论（Two Degrees of Separation）

像米尔格拉姆的六度分隔实验中的大多数参与者一样，我们很多人也很难走出"内布拉斯加州"。不过，现在世界变得越来越小了。最新研究表明，在如今这个超连通的世界里，只要通过四个人，我们就可以与任何一个人建立联系。

"培根甲骨文"（Oracle of Bacon）网站的资料显示，在任何给定的专业领域内，我们只需要通过两个人就能与其他人取得联系，最多也不会超过三个人。〔"培根甲骨文"是一个专门统计"培根数"（Bacon Factor）的网站，美国演员凯文·培根（Kevin Bacon）以多产著称，他在网上被称为"好莱坞宇宙的中心"，据说好莱坞的所有演员都能在银幕上直接或间接地与他联系上，不多于六度。20世纪90年代，美国因此出现了一种"凯文·培根的六度"游戏。〕在"培根甲骨文"网站上输入你想到的任何一个演员的名字，从宝莱坞到伊朗电影新浪潮，任何流派或是任何国家的都可以，它会告诉你那个演员和凯文·培根之间通过几个人就能联系上。例如，如果你输入法国女星伊莎贝尔·阿佳妮（Isabelle Adjani），她的"培根数"是2：她与比尔·贝利（Bill Bailey Ⅱ）一起合作演过电影，而后者与凯文·培根一起在 1995 年的电影《小狗波图》（*Balto*）中配音。这个范围很少会超出三度，即使你输入一个很久以前的电影明星，例如查理·卓别林（Charlie Chaplin），他也只有两度之远。这就是为什么领英的创建者雷德·霍夫曼发现当你在职业上要寻求帮助时，最远不会超过三度。但是，我们并未能很好地利用这些关系，因为我们大多数人并没有意识到我们的人际关系网络力量到底有多强大。

当我接受委托并组织了一场关于策略性人际关系网络的研讨会后，我意识到了这个问题。该研讨会是为《财富》（*Fortune*）美国前一百强公司的两百名高管准备的，旨在鼓励这些高管多发展外部人际关系网络。作为该研讨会的一部分，我在巴黎组织了一次"六度分隔"晚宴。我让每一名高管通过他们的人际关系网络邀请一名他们从未谋面的人一起参加晚宴。很多参与者所邀请的人都没超过一级维度，也就是说，他们都让自己在巴黎的朋友或同事为他们推荐一名合适的人。

参加晚宴的人来自各行各业，彼此之间没有很强的关联性。第二天的会议内容是讨论在他们的业务中所遇到的问题。我问这些管理者，他们当中有多少人在决定邀请谁一起参加晚宴时考虑到了策略性问题。所有人的回答都是没有考虑过。

善于利用人际关系网络的人能意识到并能利用他们的分隔度，他们常常会与二度分隔关系上的人建立联系，有时甚至达到三度，从而减少他们与那些可能对他们有帮助的人之间的分隔度。他们还能通过扩展别人的人际关系网络来增加自己的价值。前硅谷风险投资人海迪·罗伊森（Heidi Roizen）就是一个很好的例子。她利用自己喜欢娱乐的爱好，把位于旧金山的家归置成她著名的"意大利晚宴"的聚餐场所。参加该晚宴的规则是被邀请的人中有一半的人不认识其他人。在很短的时间内，她的"意大利晚宴"就在当地成了很受欢迎的活动。脸书首席运营官谢丽尔·桑德伯格最近也利用这种方法而被人们所熟知。附加材料"利用你现有的网络向外扩展"为你如何扩展策略型人际关系网络提供了更多的建议。

利用你现有的网络向外扩展

- 从现有网络里获取工作意见和指导，再将其分享给其他人。
- 从现有网络里获得支持来开始建立一段新的关系。
- 在认识新朋友之前先对其做一些简单的了解。
- 用一些老办法来建立联系，例如写感谢便条，送一些小礼物，接下来可以交换社交网络账号。
- 帮助你的朋友建立更多的人际关系网络。

能力陷阱

维持关系

当克里斯·约翰逊（Chris Johnson）在雀巢公司（Nestlé）负责中国台湾市场的任务快要结束时，他被派去监督一项新的企业软件系统的全球实现情况。之前大多数时候他都只是负责管理生产线，在 IT 方面没有任何经验。从之前负责损益运营（Profit-and-loss Operation）的经验来看，他知道如果要其他同事为这个新系统承担费用，然后耐心地等待几年（很多情况下，在工作结束很久之后）才能获得回报，很多人应该是不愿意去这么做的。之前的努力都失败了，新的计划在时间和预算方面都有很大的野心。

克里斯的上司是公司的首席财务官，他给了克里斯一份名单，建议他和名单上的人一起去做这件事。而克里斯完全不知道该如何带领这个团队，因为这项任务里所有的一切他之前都从未接触过。因此，他向公司内部其他部门的同事寻求帮助，一起讨论上司提出的建议是否有用。克里斯的朋友们利用他们的网络找到这些之前并不认识的人。事情的结果并不是克里斯愿意听到的：名单上的人并不是该行业的巨头，而克里斯所需要的人应该是成功者。确信上司推荐的人都不合适后，克里斯开始自己挑选合适的人才。这一决定是克里斯日后成功的重要决定之一。当然，克里斯最后通过同一个网络找到了适合这个项目的人才。

要想人际关系网络能像克里斯的一样，灵活处理变化无常（他只有几周的时间来确定人员名单），就需要你做出努力来使它保持活力。不要等到你急需帮助的时候再去建立联系，而要抓住每一次能发展它的机会，不管你当前需不需要用到它。

之前提到的金融服务高管帕姆就经常提醒自己要随时与人际关系网络中的重要人物保持联系。"我不断努力来保持我人际关系网络的活力。"她说，"你常常会一整天都在做日常工作，一年之中也许都找不到三次机会和朋友一起吃个午餐，其实这是很重要的。如果你不去做，你的连接性就会降低；如果你没有了连接性，这个关系就会中断。有时候我会对自己说，那么，我应该隔多长时间联系他们一次呢？后来我想，其中一部分人一年两次就好，其他的人则可能每个月都需要保持联系。每三个月我都会给自己写一封邮件，问我自己：'最近我表现如何？'"

找到志同道合的人

改变自己最快的方法是与那些你想成为的人做朋友。从对肥胖症的研究中，我们可以看到，你周围的伙伴会对你成为什么样的人产生影响。你们的行为和观念会互相传染：你很容易就会受到影响，这可能会让你变得更好，当然也有可能更坏。如果你和优秀的领导者在一起，那么你也有机会成为优秀的领导者。

比尔·威尔逊（Bill Wilson）创办的嗜酒者互诚协会（Alcoholics Anonymous, AA）就是以这个观点为基础建立的。他认为要成功戒酒，意志力远不如伙伴间的相互督促效果来得更加明显。想要戒酒，就要坚持参加每天的小组聚会，在这个聚会上，成功戒酒的前辈会分享他们的经验来指导新成员。这些成员在一起的时间越多，成功戒酒的概率就越大。这是因为摆脱嗜酒并不仅仅要改变饮酒的习惯，同时还要克服对酒精的渴望。

对参照群体（Reference Groups：每个成员均与它有一致的意识形态并把它的价值观念作为自己行动准则的团体）的影响力的心理研究所得到的结论支持了比尔的这一观点。在这个研究中发现，想要回答"我最近过得怎么样？"或是"我是否偏离了轨道？"这一类的问题，我们都不可避免地要与他人进行比较，尽管我们并没有意识到我们在和别人比较。在与他人的比较中，我们才能知道我们是贫穷还是富有，是资质平平还是天资聪颖，是身体硬朗还是体弱多病。我们发现，人们对自己所得的反应与他们所在组织的成员，或是与组织中的关系的紧密程度相关。这种紧密关系是由一群想法一致的人聚在一起形成的，就像青年总裁组织一样。当然，这也存在一定的问题，这个问题是我们的比较一直在很大程度上脱离了实际标准。就像罗伯特一样，他只拿自己的简历与那些已经被公司录用的人的简历进行比较。

参照群体是由一些志同道合的人聚在一起组成的，在你处于迷茫期的时候（比如，当你想要成为一名优秀的领导者时），它对你来说会更加重要。当我们需要做一些不是轻易就能完成的事（例如，需要与他人合作）时，我们就会暗暗地问自己："我是这种人吗？"以及"我想成为这样的人吗？"要想成为一名优秀的领导者，就像想要戒酒一样，需要一些新的参照物。

新的团体里的成员可能正和你有着类似的挑战和疑惑。例如，迪尔特（Dieter）是一家公司新上任的总经理，正经历着转变时期可能遇到的各种问题——不会给别人分派任务，常常把自己的想法强加给其他人，不去耐心解释。他清楚地知道他的新角色应该有一个转变，不能再像以前一样整天忙于做各种日常琐事。"虽说如此，"他说，"我还是很担心别人把我看成一个整天不做正事的人。"谁会那样看他呢？公司里那些停滞不前、不会进步的人才会。之后，他参加了一个领导者培训班，在那里，他和一群志同道合的人一起聊天，发现他的这种担心是很正常的，同时他的参照群体发生了改变，不再是之前的同事，而是一群和他有着相同目标的人。

或者，那些已经成功转变了的人也能成为你转变路上重要的路标。下面我以安德鲁（Andrew）为例来解释这个观点。安德鲁是一名分子生物学家，在一所主攻商业研究的大学里工作。常常和他进行较量的学术界的朋友们都很鄙视商业活动，但是安德鲁对领导团队是否能将科学发现商业化的问题很感兴趣。安德鲁的一个搭档虽然离开了学术界，但安德鲁还与之保持着联系，并且通过这个搭档，他认识了一群和他同样支持将科学发现商业化的科学家。相处了一段时间后，安德鲁越来越融入这个新的圈子，在这个圈子里比在自己学校的那个圈子里更加有归属感。之后该圈子建立了一个新的中心，旨在学术界和商业界之间建立起合作关系，圈子里的人让安德鲁担任该中心的管理者，他欣然接受了。

与和你同坐一艘船或是已经达到彼岸的人保持日常联系，对于你的转变是非常重要的，因为他们能支持你的转变，并为你树立榜样。由于你的地位越来越高，职责权力也越来越大，你会很容易被学校里的同学或是同事孤

立。这样一来，你就需要在工作和公司之外建立人际关系
网络。

培养一个有联系性的头脑

路易·巴斯德（Louis Pasteur）曾经说过："机会总是眷
顾有准备的人。"基于此，著有《伟大创意的诞生》（*Where
Good Ideas Come From*）一书，并具有创新头脑的历史学
家史蒂文·约翰逊（Steven Johnson）说："机会总是眷顾
会与别人建立联系的人。" 通过研究像本杰明·富兰克林
（Benjamin Franklin）和查尔斯·达尔文（Charles Darwin）这
些伟大科学家的创造过程，史蒂文发现，在每一位伟大科学
家的背后，都有一个多元化的、相互联系的以及动态的人际
关系网络。"这并不是一群人的智慧，"他说，"而是一群
人中某一个人的智慧。也并不是说，他的人际关系网络是强
大的，而是说，由于他加入了这种人际关系网络，他才变得
聪明起来。"

正如我们之前所看到的，在那些领导者还没意识到他
们新工作中重要的一环就是要建立起一个良好的人际关系
网络之前，他们不会把时间和精力投资在一个短期内无法
获得回报的人际关系网络的建立上。要意识到人际关系网

络是领导者转变外在表现力的重要来源的唯一方法，并试着去做，然后才能发现它给你带来的好处。要想快速开始这一步，见"开始行动起来：建立一个良好的人际关系网络"小节。

开始行动起来

建立一个良好的人际关系网络

» 接下来的三天，与部门或公司外部的人进行交流，去了解他们每天做什么，他们所做的事是如何促进公司运营的，以及这些方法应该如何运用到你的工作中。

» 在之后的三周里，与那些可能给你的工作提供有用帮助的人加强联系，可以与他们一起吃午餐。

» 列出你需要进一步了解的五名高管的清单。想一想在接下来的三个月里该如何与他们加强联系。

　　现在，你就可以行动起来，去建立一个和之前不一样的人际关系网络。把你的人际关系圈延伸至你的团队或是部门外，甚至可以是你所从事的行业外，发展一些新的专长；了解要升职到更高的职位所要遵循的办公室政治；想办法认识比你高两级且在不同部门或领域的人，即使你在心里觉得这是一种为了向上爬的虚伪手段；花时间和精力去做一些真正重要的事，这样一来，你就有借口不把时间花费在与只比你高一级或是职位比你低的人建立联系上；努力去提升你的形象和影响力；在公司外建立联系，然后利用在外面所学的去和公司内部不同的人建立联系，从而增加运营业务之外的价值；我们要明白，对于那些能掌控你命运的人什么是重要的，可能和你要做的事不一样；弄清楚你的市场价值是什么；找到一些志同道合的人。附加材料"扩展人际关系网络的一些实用方法"为你怎样建立一个新的人际关系网络提供了各种不同的方法。

扩展人际关系网络的一些实用方法

- 花时间在你业务部门的一些新开发的项目上，想一想为什么现任领导者很少去开发新产品和新服务。
- 参加一次你之前从未参加过的会议，在会议上至少认识三个新朋友，之后要与他们保持联系。
- 组建一个领英或是脸书群组，成为这个群组的负责人。
- 花一整天的时间和公司的一位前辈待在一起，学学她是如何利用社交媒体的。
- 与一名风险投资人成为朋友，弄清楚他如何看待领导能力和创新能力
- 在一所大学或当地的学院任教，从你的学生身上学到一些在别的地方学不到的东西。

- 在一个地区活动或是国家活动中担任嘉宾演讲，利用这个机会，在某一专长领域内树立或提升你的形象。
- 与竞争对手公司里与你同级的人一起吃午餐，了解更多你所在行业的市场价值。
- 开通博客，看看有谁会访问你的博客。
- 利用下次出差的时间与很久没联系的朋友建立联系，通过他再认识一些新的朋友。

总　结

✓ 当你正处于领导者转变的过程中时，在组织或团队外部建立并维持人际关系网络是非常重要的，它决定了你是谁以及你会成为谁。

✓ 要认识到建立人际关系网络对于成为一名优秀的领导者是非常重要的，而建立人际关系网络的唯一办法就是开始行动。

✓ 如果你只是等着让关系自然而然建立起来的机会，那么你就是自恋和懒惰的。

✓ 运营关系、个人关系和战略关系这三种关系都是你所需要的，三管齐下才能提升你的领导力。尽管很多管理者都有着良好的运营关系，但是他们的个人关系和工作是没有任何关系的，也利用不好战略关系，甚至不存在战略关系。

✓ 人际关系网络的优势包含"广连动":广泛性、连接性、动态性。

✓ 在当前人际关系网络边缘增强或建立战略关系,以此作为增加你外在表现力的第一步:

· 在外部领域发现新的专长。

· 从不同职能或支持团队里与你同级的人那里获得一些新的观点。

第四章

试着朝更多不同的方向发展自己

在我二十五年的执教生涯中，我发现有一件事一直没有改变：人们一直有着强烈的想要做真实的自己的愿望，对于做那些让他们觉得虚假的事有着强烈的厌恶。这些行为背后最重要的刺激因素之一是，人们认为这是内心深处真实自我的基本表现。而正是这样的想法，让我们在领导者转变道路上遇到了阻碍。即使是最基本的一项领导技能——倾听，有一些不擅长该技能的人也会说，当压力层层逼近时，他们就不愿意去锻炼这项能力了，因为如果他们非得逼自己去做一件事，那他们就觉得违背了真实的自己。

真实性（Authenticity）是一个无休止的讨论话题。很多书都是关于在工作中如何做真实的自己，也有很多课程来教你如何做一名真实的领导者。毫无疑问，我们大多数人都没有办法做真实的自己。

原因之一就是我们常常去做太多频繁的转变。在我们要努力提升自我的时候，真实感就像是一个罗盘，指引我们前进的方向，它帮助我们进行选择，朝着目标努力。当我们想要试着转变自己时，真实感就像一个锚一样，很容易会阻碍我们前进的道路。

本章提示了当我们转变到一个新的不熟悉的角色时，我们是如何误解和高估真实性的重要性的。因为当你做一些不是自然而然去做的事时，很容易就会觉得自己是个骗子，然后你就会以要遵从真实的自己为借口，来待在自己的舒适区域。有趣的是，想要重新塑造真实的自己的方法是：在你的舒适区域之外去做事（如图 4-1）。本章会告诉你该如何去做。

图 4-1

通过重新认识自己来增强你的外在表现力

过于暴露真实的自己

我在哈佛大学给 MBA 学生上的第一堂课完全是一场灾难，让我的心情变得无比沮丧。那个时候，我很年轻，没有任何教学经验。尽管我知道该如何去演讲，但是我不知道该如何去组织一场高度互动的讨论，讨论最后还需要总结出学生们能接受的一系列实用和具体的知识点。那堂课的评价很低，因此我很快就失去了信心，认为自己是不可靠的，没办法在课堂上建立威信。

很多老教授试着帮助我，他们都很好心地给了我很多建议，但是都没什么太大用，差不多都是同一个说法："你应该在课堂上做真实的自己。"问题在于，我在课堂上过于暴露了真实的自己：过于学术、过于紧张、过于无趣，以及与学生们的互动太少。之后，我花了很多时间去听有经验的老教授的课，但是他们在课上所说的东西都比较个性化：他们自身的奇闻趣事，自己在生活中所获的经验、所闹的笑话，甚至他们走路和说话的方式都可以活跃课堂气氛，把课堂变成一个剧院。我不知道我能从他们身上学到什么，他们上课的方式看起来不是那么严肃——我不确定我是否想用同样的教学方式上课。

有一天，一位很有名的教授来听我的课，并给出了让

能力陷阱

我永远难忘的意见。让我们先在脑海中想象一下我们上课的教室是什么样的——像一个罗马剧场，一个巨大的半圆形阶梯教室，最下面摆放着一张老师用的桌子。

像我这样缺乏自信的老师就会猫着腰，坐在老师的座位上，只顾看自己的笔记，不会和学生之间进行互动。而那些经验丰富的老师就会不停地在教室里走动，教室里的每个地方都走遍了，也能接触到每一个学生。

那位很有名的教授给了我以下这些非常具体的意见：

> 你的问题是你认为上课就只要把每节课的知识点告诉学生们就行了，然而并不是这样的，我们的目的是要在课堂上建立威信。你在教室里不停地走动，你唯一的目的就是：让在座的每一个学生都知道，这里是你的地盘，而不是他们能肆意妄为的地方。而且你也只能通过到处走动来建立起你的威信，因为学生们占据了你地盘的每一个角落。你要像一条狗一样，不断在自己的领地上活动来告诉别人这是你的地盘，每一个角落都不要遗漏。从教室的最上方开始，他们以为在那里你就看不到他们了。看看有谁在看《华尔街日报》（*The Wall Street Journal*），有谁认真听课做笔记，有谁的书上还是空白的。如果有做笔记

的，看看他们所做的笔记是否与课堂内容有关。
和他们来个零距离接触，在他们耳边悄悄讲话，
手搭在他们肩上，拍拍他们的背，告诉他们即使
他们坐在教室最中间的位置，你也可以看到他们
的表现——你可以挤进去。如果他们带了东西，
你要是饿了，也可以上去吃一口，那个时候他们
就会知道这里是你的地盘，而不是他们的地盘。
只有在你达到这个目的以后，才可以开始给他们
讲上课的内容。

老教授的建议有些吓到我了，我更喜欢用我的方式来
上课，尽管效果不好——我会花时间一遍又一遍地备课，
确保要讲的内容我知道得一清二楚，这样就不会出现我答
不上来问题的情况。但是，情况越来越糟，因而我不得不
考虑尝试他的方法。

最开始的几次，结果有好有坏。作为一个很严肃的研
究者，这种教学方法与我的价值观不符，我表现得很不自
然，觉得不舒服。大部分学生都不喜欢我和他们太过亲
密，但我还是在一定程度上得到了他们的关注。一段时间
以后，效果越来越好，这种授课方式让课堂变得越来越有
趣。这样的课堂氛围让我变得放松，我也越来越了解我的
学生们——了解了他们的世界观以及他们想要学到什么。

我的教学目标从完成教学内容变成了一场富有感染力的教学体验。那些一开始被我看作很傻的戏剧化的教学方法，后来我发现它们是提高课堂效率的一种很有必要的方法。看到其他同事用有趣的方法让课堂气氛变得更活跃，学生的积极程度也更高，我从中学到了很多东西，也更愿意去尝试这种教学方法，我不再担心这样做会让我看起来很傻。经过几次课后，我越来越熟练，学生们对我的课堂评价越来越高，我的思考方式也随之发生了改变。

"随机应变者"与"坚持真实者"

真实性与自我保护之间的界线应该在哪儿呢？我曾对一群专业人士进行过研究调查，他们之前负责一些分析类的课题研究，之后工作转变成给客户提供咨询建议并向客户推销新的业务。这样的转变是典型的"自己动手"的转变。很多情况下，投资银行家和顾问希望在获得一个新的头衔前先能够担当起新角色；而在另一些情况下，在之前的工作职责没有太大变化的基础上，他们的职位就获得了提升，有一大堆客户的工作还留给他们做决定（当然，他们也能获得很多报酬）。

在这个过程中，我偶然发现一个有趣的对比，关于人们在工作转变过程中如何处理真实性问题，还有一些反直觉的发现，关于通往真实但不同的自我的最快途径。我所研究的大多数人都觉得自己无法胜任新的岗位，并且觉得在这个岗位上没有安全感，别人给他们的建议也都没有太大作用。其他人总是告诉他们应该要更有闯劲，表现得更自信，或是增强自己的存在感。一个投资银行家告诉我，在他担任副总裁的第一年快要结束时，他得到的反馈是：技术很好，但需要不断创新，抓住机会，在客户会议上要更有表现力。他认为，客户真正想要的是一个有经验的合作伙伴，而不是成为那些想要获得更多存在感的人的助手。

被调查的对象中，一组人在转变过程中尝试做真实的自己，更多地去做那些自己所熟悉并让自己觉得舒服的事，我将他们称为"坚持真实者"（True-to-Selfers）；而另一组人则尝试做一些不同的事，就像我尝试改变我的教学方法一样，我将他们称为"随机应变者"（Chameleons），或称为"变色龙"。

"随机应变者"能借鉴周围成功同事的方法，模仿他们的行为——走路的方式，说话的方式，他们所讲的笑话以及他们建立起名声的风格。正如其中一个人所说的："当你尝试转变成一个新的自己时，就好像变色龙更换皮肤颜色一样。"最开始的时候，他们可能并没有办法做得很好，大多数情况下，看起来就像东施效颦一样滑稽可笑。因为他们生硬的模仿看起来很不自然，但是他们就像变色龙一样可以随时转换自己皮肤的颜色。在变幻莫测的环境中，他们知道应该要换上哪一层合适的皮肤。

有一些人要比别人更擅长这样的角色转变，转变得更加自然。心理学家马克·斯奈德（Mark Snyder）将这些"随机应变者"〔或是"变形者"（Shape-shifters）——奥巴马在自传中对自己的描述〕看作那些愿意并能很自然地适应环境需求的人，他们并不会产生一种觉得自己很虚假的内疚感。"随机应变者"有自己的价值观和目标所定义的核心自我，他们并不会担心转变自己会对自己的信仰造成影响（见附加材料"巴拉克·奥巴马——'变色龙'"）。

"坚持真实者"则与之相反，他们认为如果要根据环境而变换自己，使得他们远离了自己最自然的风格，这是对他们真实性的一种威胁。他们的自我定义包含的东西太多，不仅包括内心深处的价值观，还包括他们的领导、演讲、穿着以及行事的风格。附加材料"你是一个'随机应变者'还是'坚持真实者'（或是介于两者之间）？"列

巴拉克·奥巴马——"变色龙"

奥巴马在自传中提到，成为总统前，大卫·雷姆尼克（David Remnick）将他称为"变形者"，因为他能随意地变换自己的风格，但并不会迷失真实的自己。亚力克·麦克吉利斯（Alec MacGillis）在看过雷姆尼克的评论后解释道，奥巴马之所以能当上总统，就是因为他具有这一特质，他说："这条路需要极强的灵活度——奥巴马的批评者们将这种能力看作一种为保生存的权宜之计。"

另一位评论家加里·威利斯（Gary Willis）将其总结为："如果别人说他不是纯黑人血统，他就会告诉他们他比大多数美国黑人和非洲的联系更直接；如果别人说他不完全是美国人，他就会说他的母亲来自美国中西部。在伊利诺伊州南部做巡回演讲时，他会说抚养他长大的住在堪萨斯州的祖父母的语言。他像一只变色龙一样，不停变换身上的颜色，但这并不意味着他不真诚，反而造就了他的与众不同。对于以欺骗的手段来迷惑大家的事，他一点也不热心。尽管他的背景并不简单，他能将它与其他人的故事联系在一起，甚至那些看上去和他没有多大联系的人。"

奥巴马不断地努力扩展自己不同的风格，雷姆尼克评论说："他会根据听众来变换自己演讲的口音和节奏：在 Loop（位于芝加哥市中心）的午宴上，给一群商业人士做演讲时，就用一些很直接的方式；在美国海外退伍军人协会（Veterans of Foreign Wars, VFW）给退伍军人做演讲时，就用一些很轻松随意的方式；在黑人教会里做演讲时，就应和着牧师的观点。奥巴马会多种语言，是一个'变形者'，就像移民的孩子一样，在家说一种语言，在学校说另一种，和朋友在一起时又说另一种——但他仍然是他自己，奥巴马也能根据场合选择不同的语言和演讲方式。这种能力是他在很多年的经历中锻炼出来的。"

你是一个"随机应变者"还是"坚持真实者"（或是介于两者之间）？

以下是心理学家马克·斯奈德关于"自我监督"问卷的部分问题：

1. 我发现很难模仿别人的言行举止。

2. 我的言行举止常常就是我内心感受、态度和信仰的真实写照。

3. 在各种聚会上，我不会尝试去做一些能让别人喜欢我的事或说一些让别人喜欢我的话。

4. 我只会和别人争辩我坚信是正确的事。

5. 我可以做即兴演讲，即使关于那个话题我知道的很少。

6. 我猜我能假装说好听的话或做好事，让别人对我印象深刻或是让他们开心。

7. 当我不知道在一个社交场所我该如何表现时，我会观察别人的言行举止。

如果你只选择了 1、2、3、4，那么你是一个"坚持真实者"；如果你只选择了 5、6、7，那么你是一个"随机应变者"；如果都有，那么你介于两者之间。

举了一些马克用来进行自我评估的问题，帮助你了解要到什么程度，你才可以被称为一个"随机应变者"。

"随机应变者"在事业发展初期常常会有很大的进步，因为他们灵活的处事方式让别人觉得他们像领导者。附加材料"典型的'随机应变者'"给我们讲述了所罗门兄弟公司（Salomon Brothers，华尔街著名投资银行）的迈克尔·刘易斯的故事。通过我自己的研究，我发现"随机应变者"和"坚持真实者"处理事情时会得到截然不同的结果——别人怎么看你，你得到多少建议，以及你对工作和自己的认识程度这些方面都会很不同。

　　和刘易斯的方法一样，很多来找我学习如何成为一个"随机应变者"的管理者的努力都有所收获，他们成功获得了高层管理者的关注。高层管理者看到新上任的管理者正在为自己的新角色而付出努力，从而让他们对这些新人的指导变得更加容易。他们会和新人分享自己做事的经验——一位高层管理者把这种训练方式称作"揭开神秘的面纱"（Unveiling the Mysteries）。这些高层管理者会分享给新人们一些隐性知识，这些知识的细微差别造成了所有的不同。例如，如何组织一场会议，如何和客户建立一个平等的关系，如何判断政策形势，如何注意一个有争议的想法微妙的市场定位，等等。除此之外，还会分享一些更重要的事：如何成功地成为一个值得信赖的顾问。他们的支持和所提供的观点同样会帮助这些"随机应变者"塑造一个更加清晰的自我形象：他们想要做什么以及想要成为什么样的人。要知道，要从和你风格截然不同的人那里学到这些东西是很难的，所以公司里的高层管理者能给你提供更为合适的指导。

　　"随机应变者"还从自己实践新行为时的情绪反应中

典型的"随机应变者"

迈克尔·刘易斯（Michael Lewis）在他的畅销书《说谎者的扑克牌》（*Liar's Poker*）中描述了，他刚从普林斯顿大学和伦敦经济学院毕业时，如何从一个初出茅庐的实习生成长为所罗门兄弟公司一名成功的债券销售员。正如他所说的，这种像变色龙一样能随环境变换自我的能力在他的事业道路上起到了很大作用：

> 到目前为止，我仍然没有办法到达一个思考战略的高度。我没有基础，唯一的希望就是看看其他的销售员是怎么做的，再总结出一些我能学习的方法。
>
> 我知道该如何模仿别人，这让我能知道其他人的脑子里在想些什么。为了学会如何用一种聪明的办法来谈论涉及钱的问题，我模仿我所认识的最好的两名销售员，学习并融合他们说话做事的态度和方法。
>
> 我的工作是学会如何思考并让自己看起来像是一个会赚钱的人。让自己看起来像亚历山大一样是下一个我需要具备的技能。我听那些成功销售者的建议，一遍又一遍地重复，就像练习功夫一样。这让我想起学习一门外语时，最开始也是觉得很陌生，当某一天，你突然领悟了这门语言的精髓后，很多单词都信手拈来，可能你之前都没有意识到如何使用它们。最后，你成功地学会了这门语言。
>
> 每天亚历山大都会给我解释一些新的事情。经过几个月的挣扎，我开始明白，我手边也有三四个投资者资源了，我会照着亚历山大告诉我的那样去做。即使他们不觉得我是一个销售人才，至少也会觉得我是一个聪明的人。一段时间以后，他们有什么事都会直接来找我，而不会再去找其他人。

学到很多东西。有时他们会证实之前的自我怀疑是有道理的，有时他们又会惊讶于自己所学到的东西。他们的外在表现力只会维持在一个水平，他们不会自我反省，因而受到他们直接经历的限制。例如，一个顾问告诉我，他意识到他尝试要做的那个"有趣的自己"（Witty Possible Self）可能永远都不会成为真正的自己。他说："我没办法做到用诙谐幽默的方式来取悦客户。这是我的缺点吗？我想我需要提升这方面的能力，但我发现它没办法成为我最强的能力。我对现在的我很有信心，我相信我现在的举止也能取得好的效果。"另一位"随机应变者"告诉我，当他太过偏离真实的自己时，他觉得非常沮丧，之后从中学到了很多。他说："对于更加有力意味着什么，我曾经有一个很幼稚的想法。我不会去研究客户们的想法，也不在乎他们的反应。我发现我最好应该坚持自己正常的方式，只要稍稍改变一些就好。我的自我认识在不断变化中。有时候很痛苦，也会担心很多，但我还是能从中学到很多东西。"

与此相反，"坚持真实者"仍遵循着旧的方式和风格，因此停滞不前。他们通过展示自己高超的技术来证明自己的能力，这里引用以下他们所相信的观点："注重实质结果，而不是形式（Substance Rather Than Form）。"通常情况下，他们把上级的成功总结为："光说不做，没实际能力"（All Talk and Little Content）——那些技术高超的专业人士所追求的，尽管看上去没有太大的吸引力。他们认为，相比起那些"随机应变者"善于变换自己的能力，高超的技术是更为真实的，并以此为豪。但是，客户需要的并不仅仅是一些精密的分析或是那些所谓的"正确答案"，他们需要的是一段良好的关系，这段关系能给他们的业务提供帮助。一段时间以后，"坚持真实者"的上级们发现，他们就是没办法理解成功的秘诀，所以就不会花时间来帮助他们，因此，这些"坚持真实者"的学习进度就会变得很慢。

在很多工作中，凭借着自己精湛的技术，"坚持真实者"取得了成果。尽管如此，在他们要想成为一名优秀的领导者的过程中还会遭遇很多挫折。对一名优秀的领导者来说，他们的悟性和他们目前的知识一样重要，成功需要的是把要担任的新角色内在化。有些讽刺的是，"坚持真实者"尝试保持真实性，但削弱了他们梦想成为的那种领导者的能力。相反，"随机应变者"——他们"假装自己是一名优秀领导者，最后真的成了这样的人"，这样的人能更快地达到自己的目标，最终成为一个真实的、不一样的、能力更强的自己。他们用一种新的方法来行事，最终成就了一个新的真实的自己。

"坚持真实者"的方法最大的问题在于，他们是基于过去来定义真实性，因此他们认为改变就意味着失去了真实性。一位顾问是这样说的："就我个人经历而言，要从'我是一个什么都知道的人'转变到给顾客提供意见这个过程是非常艰难的。如果我没办法比别人了解更多，没办法看到整个分析过程，没办法了解所有的观点，那么好像我之前赖以生存的基础就这么没了。"

这位顾问的话解释了哥伦比亚大学心理学教授托里·希金斯（Tory Higgins）所说的"阻碍"（Prevention）——与"促进"（Promotion）相反。当你在"促进"模式时，你会不停地追求目标，注重你能从自己的努力中获取多少。而在"阻碍"模式时，你会试图避开那些可能对目前的你造成威胁的事，关注点放在你可能会失去什么。正如我们在本章所看到的，成为一名优秀的领导者需要处在一个"促进"模式，但在转变过程中遇到的很多问题都会触发"阻碍"模式。

在我研究的调查对象中，尽管大多数"坚持真实者"都把自己限制在要做真实的自我中，但是他们并没有完全地做到真实的自我：害怕自己做错时，他们就会选择退缩。一位顾问这样跟我说："我的做事风格是有创造性，善于辩论，高要求。和客户在一起的时候，我会更加谨慎。我会很少开玩笑，也很少进行没有依据的推测。"就像我之

前一样，我坚持要把每堂课都备好，因为我害怕如果我真
的和学生相处时，可能会发生什么。与"随机应变者"努
力在领导面前留下印象的表现一样，这位顾问在他的客户
面前表现出来的犹豫不决的态度也并不是真实的自己。

怎样才算"忠实于自己"

在我们探讨真实性的问题之前，我们先来好好分析一
下，真实性的定义到底是什么。最经典的解释是"忠实于
自己"（Being true to oneself），这一解释非常简单，但
是我们却可以基于此提出一个非常重要的问题：是忠实于
哪一个自己？每个人都有多面性，都有很多个"自己"。
就像威廉·詹姆斯（William James）所说的"每个人在不
同的事情面前都会展现出不同的自己"。就像人们在出席
不同的场合时，会佩戴不同的帽子：帽子会变，不变的是
你一直戴着帽子的形象，所以这一点是真实的。当你要转
变到你不熟悉的角色时，哪一个自己是真实的呢？大多数
人习惯于尝试不同的帽子，当一顶你最喜欢的、戴起来最
舒服的帽子变旧了，你需要戴上另一顶风格和颜色都与之
前不一样的帽子时，事情会变得非常困难。一位之前我提
到的顾问告诉我："在公司的同事面前，我是一个诙谐幽

第四章
试着朝更多不同的方向发展自己

默，喜欢狂饮啤酒，喜欢参加聚会，喜欢争辩，固执地按照自己的方法做事，性格极端，无政府主义的一个人。而在客户面前，我是一个严格谨慎、会精心做出计划的人。在这两者之间的连续区间内，我应该在哪个位置？"

忠实于自己的另一个问题是一个存在很久的分歧：现在的你是谁以及你想要成为谁之间的分歧。哪一个才是真正的你：昨天的你，现在的你，还是明天的你？斯坦福心理学教授黑兹尔·马库斯（Hazel Markus）的一些关于职业的研究显示，人们对自己的身份意识不仅基于过去和现在的自己，而且同样基于对未来自己的展望。潜在的自己对目前的你来说是非常重要的，因为那个潜在的自己会引导现在的你的行为，使你渐渐地朝着你理想的自己努力。

真实性的另一个定义是"真诚"（Sincerity），或者说是你的所说所做和你的所想之间的一致性。有趣的是，"真诚"（Sincere）的字面意思是没有任何修饰的东西（Without Wax）〔拉丁语中英文 sincere 的词根可分为两部分：sine（相当于 without）和 cera（相当于 wax）〕。如果圆柱和塑像没有打蜡的话，看起来会更真实，它们的美就只基于事物本身，而不是华丽的外表。再往深处想，这个真实性的定义并不能提出更为深刻的东西。是的，我们都希望领导者能够承认自己的缺点，但是这并不意味着他们需要把心中的所有怀疑或想法都说出来。所以，当你尝试转变到一个新的角色，心中充满了不安和迷茫时，在这种情况下，把真实性定义为所说所做和所想之间的一致性就会使你的转变变得异常困难。作为一个新人，你可能会尝试扮演你所想的那个角色，但是最开始的时候，你并没有办法做好，或是觉得这是真实的自己。就像当你开始学习一门外语或是学习烹饪时，按照你所知道的规则或食谱去做，你不会偏离轨道或是自己即兴创作，但这仍会让你觉得不自然。

真实性的第三个常见的定义是"忠诚于自己的价值观和目标"。当管理者们所追求的目标和自己的价值观相符时，他们感觉自己——或是他人觉得他们——非常真实。这种定义给了你更多的自由空间，以这种方式定义真实性的人在心里不会觉得使用一些和以往不同的策略以及在不同的情况下采用不同的表现方式，有什么不妥。他们不会把自己看成骗子，而是会觉得自己适应能力强，灵活度高。

下面我们来看一组稳定的性格特征：内向和外向。外向的人是群居性动物，他们喜欢和人交往。他们的能量来源于与人相处。而内向者喜欢安静，他们喜欢独处，如果与人相处，精力很快就会被消耗。研究表明，如果一个内向者内心十分想要达到某个目标，那么他有可能变得和一个外向者一样。这也就是为什么内向害羞的罗伯特为了成为一个生产线经理，能表现得像一个老练的人际关系网络高手。当我们不知道愿望最终会是什么样子时，事情就会变得很麻烦。转变过程中，我们必须要先摒弃过去的自己，之后才会清楚地知道自己想要成为什么样的人（第五章我们会进一步讨论这个话题）。正如我们之前所看到的，工作价值观和我们之前所扮演的角色与经历息息相关，因而在刚开始进行改变的时候，我们会觉得很虚假，和我所调查的对象遇到的问题一样。

第四个有关真实性的问题是，我们不能完全控制我们的身份。作为社会人，我们的身份不仅仅取决于自我认知，还取决于别人是如何看我们的，取决于他们会把我们归入哪一个分类，比如领导者。我们不必受世俗眼光的束缚，太在意别人的评价，当我们的努力取得成效之后，身边的人会肯定、鼓励和支持我们。如果没有他们的支持，我们很难一直把自己当作一个领导者；如果没有集体的共识（名声的来源），我们很难获得下一项工作、项目或是任务，那么我们的领导能力也就没办法继续提升。这里的问题是，我们看上去还不像那种人，准确地说，因为我们处于正在转变的过程中。就像哈佛商学院教授艾米·卡迪

（Amy Cuddy）说的，我们需要找到一个办法来"装作这样的人，最终就能成为这样的人"。

无论我们用这四种定义中的哪一种，真实性都有可能成为我们前进道路上的阻碍（如表4-1）。接下来我们会说到，前进的道路上需要我们在舒适空间之外发展自己。此外，在不确定我们能否做好，或是想要得到好的评价，又或是我们想要忠实于过去的自己，即使我们的转变是值得的这些情况下，我们都会感觉自己受到了威胁，从而引起一些强烈的自我保护欲。

表 4-1

不同的真实性定义如何阻碍我们成为一名优秀的领导者

真实性的定义	所遇到的问题
忠实于自己	当我们扮演不同的角色时，就会用不一样的方式来行事和思考；当我们要扮演一个新角色时，我们不知道该如何去行事和思考。
"你是谁"；行事真诚透明，并且能轻松自然地表现出来	如果我们把自己心中所想的事全都说出来，那么我们将会失去信誉，尤其是说一些没有依据的事。
正直；忠实于自己的价值观和目标，不用接受社会强加的价值观	人们没必要和我们有一样的价值观，我们目前的价值观取决于过去的经历。
忠实于一种已形成的类别，例如领导者	如果我们看起来不像某种人，身边的人也就不会认为我们是这种人。如果假装我们是这种人，又会让自己觉得很虚假。

你容易陷入真实性陷阱吗

我们能学到东西的场合恰恰是我们自我认识面临挑战的时候，这就是为什么在我们成为领导者的道路上，很多人会觉得自己面临着失败或是虚假的两难选择。

通过研究，我发现在以下三种情况下，人们更容易陷入真实性陷阱。第一种情况是，在转变到一个新的角色时，一些人很难与他们的团队保持一个合适的距离，要不就是太近，要不就是太远，把自己的想法都藏在心里不说出来。第二种情况是，另一些人认为他们不需要推销他们的观点，或是不需要刻意地去鼓励其他人。他们不会做一些费劲的事去和别人建立关系，因为他们认为那是在"利用别人"。第三种情况是，一些人通过他们真实的自我感觉过滤掉一些负面反馈，他们说服自己，不自然的领导风格体现出来的不正常的东西正好是提高自己效率的重要方面。每当遇到这些情况，我们就会比平时更容易在国家文化的行为规范与企业领导的行为规范之间左右为难。正好在这些情况下，我们能够提升自己的外在表现力，所以其实它们是非常重要的。附加材料"领导者道路上面临的挑战会让你觉得自己很虚假"列举了常常会让我们陷入真实性陷阱的一些情况。

领导者道路上面临的挑战会让你觉得自己很虚假

- 接任领导者职位。
- 推销你的想法（或你自己）。
- 整合负面反馈。

  领导一个你不熟悉的部门时，这些挑战的困难程度都会加倍。

与下属太过亲密

辛西娅是一家医疗机构的总经理，当她接手一份新的职位更高的工作时，她告诉下属："我想做好这份工作，但我有些担心我能不能做好，所以我需要你们的帮助。"她之前的工作是负责超声成像部门，下属人数不多，她和他们的关系都很近。她认为集体合作的领导模式很重要，因此之前部门的大小事务——从产品研发到销售和宣传，都是由她来决定的。

她现在的工作，下属数量是之前的十倍，业务范围也成倍扩大。"当我知道要担任一个这么大的职务时，我非常吃惊。"她说，"我并没有做好准备，所以我的反应是'认真倾听下属们的想法'。"前几个月，她一边学习各种新的东西，一边维持着一个大小事都要负责的上司的形象。由于她在各个细节上都会自己动手去做，她的下属也非常乐意把这些责任都放在她身上。

"那个时候我好累，"她说，"我必须一直维持一个容易相处的上司的形象。我以为以前的领导方式在这里也可以适用，但是我错了，我没办法直接影响到这么多人。"回想前几年的转变过程，辛西娅总结说："忠实于自己并不意味着你需要举着灯，把自己内心照得透亮，让人们一眼就能看穿你。你没必要把心里的所有想法和感受都和别人说。"

尤其是当我们接任了一个下属更多、职责范围更大的职位时，太过亲密的个人关系和把心中所想都告诉下属的领导方式就不再适用了。用适当的方法与下属交流以及给他们分派任务只是问题的一部分。更重要的问题是找到与下属相处最合适的那个点，不要太疏远，也不要太亲密。对辛西娅来说，这个问题反映出一个严重的事关"真实性"的问题，最后她还是找到了解决方法："后来我意识到，作为一个领导者，你需要一些神秘感，有时候你可以非常亲切，但有时候也要有个 CEO 的样子。你的下属们希望你能融入他们，但他们也不希望他们的领导只是他们当中的一员。"

斯坦福大学心理学教授格林菲尔德·黛博拉（Gruenfeld Deborah）把这个问题形容为找到权威和亲和之间的平衡

点。当你想要展示自己权威的一面时，你就要展现出比下
属更强的技术和更丰富的经验，和他们保持一定的距离
感；而当你想要展示自己平易近人的一面时，你就要和下
属搞好关系，懂得为别人着想，显示出你温暖的一面。领
导者转变过程就是考验你能否找到一个合适的平衡点。一
开始，辛西娅和下属的关系太过亲密，肩负的责任太多，
让她变得很累。很多人都很容易和下属关系走得太近，因
为他们都像辛西娅一样，他们在行使自己的职务权力时会
感到深深的矛盾。而另外一些人会和下属的关系太过疏远，
把内心深处的自己藏在一个严肃的领导者形象下。

玩弄"爬虫脑"

很多人找不到拉别人入伙和控制他们做自己不想做的
事之间的平衡点。如果你觉得你是在控制别人，那你就遇
到了"真实性"危机。

安娜是一家运输公司的高级经理，她在运营方面取得
了不错的成绩，业绩数据证明了她的成功。她为公司带来
了比之前多一倍的利润收入，为公司指明了一个新的战略
方向，对公司的核心程序和结构进行了重新规划。但她的
上级觉得她的领导能力并不是很强，她也知道自己和总公

司的董事会成员之间的沟通并不是很好。

董事会的主席是一个只关注大局的人，他注意到安娜太过注重细节，所以常常避免和她讨论。他们之间的做事风格很不一样，主席对安娜的评价是"加油，做一些有远见的事"。安娜认为，如果只注重形式而不注重实质的东西，她会觉得自己很虚假。"我想知道当人们说'他不是一个成功的管理者，但却是一个优秀的领导者'时，他们想要表达的是什么。这样的人在领导什么呢？你必须要做一些实质性的努力，才能让你成为一个领导者。现如今，我们都陷入被人催眠的危险中，他们玩弄着我们的爬虫脑（Reptilian Brains：爬虫脑在大脑最里面连接脊椎根部，主要负责自动控制功能，控制完全是条件反射的活动，比如心跳、呼吸、血压等等）。对我来说，这是在操纵别人。我也有令人心酸的经历可以向大家讲述，但是我不想用这些故事来煽动别人的感情。如果那条操纵线太过明显，我是不会去控制它的。"安娜是一个典型的"坚持真实者"，她认为展望未来没必要，或者只是一种宣传自己的手段，因为她认为业绩数据会为自己做宣传。她认为花时间去写一段感人肺腑的报告或是口号会让她觉得虚假，所以她没办法逼自己去做这样的事。但是，她是真实的吗？还是她只是以这些作为借口，待在自己的舒适区域？

很多领导者对这种利用各种修辞和情感策略来影响和

鼓舞别人的方法也都与安娜持有相同的态度。在某种程度上，这样想的原因是我们认为自己是一个理性的、用数据来说话的商人。正如我们在第二章所说的，真正让我们信服的不是那些数据，而是我们是谁。奥美广告公司（Ogilvy&Mather）前任 CEO 夏洛特·比尔斯（Charlotte Beers）在她的新书《我宁愿负责》（*I'd Rather Be in Charge*）中谈到了这一点，并给出了一些详细的解释。"作为一个有进取心的领导者，"她说，"你需要明白'你不是工作'。"在一场有关这本新书的演讲中，她这样说道："你必须要学会走到工作前面，你是解释、分析并传达工作的那个人。如果你不是工作，那你是什么呢？你是使工作被得到认可的燃料、能量和系统。这是你独一无二的分配系统，由你是谁以及你的信仰、你的感觉和你的想法组成。"

当你只是了解到让你不舒服的表面原因时，你就会觉得利用权力和打感情牌是令人恶心的事。如果辛西娅是在利用感情影响别人方面遇到了问题，那么安娜就是在利用权力方面遇到了问题。像她们这样的人，面临的最大问题之一是："我该如何吩咐别人去做事？"这个古老的问题是很多研究如何影响别人的策略和建议的书所讨论的话题。多年以来，人们并没有找到更好的解决方法，因为他们觉得利用权力和打感情牌会让人觉得很不舒服。事实上，领导别人和利用权力之间唯一的不同是，领导别人是一种为了达到一个共同目标而相互影响的行为。

作为一个领导者，如果你能明白，给你的下属分派任务是为了完成更高级别的组织任务，那么你就不再会认为自己虚假或是在操纵别人了。当你是为了更高的目标工作时，你就不再会觉得这是在为了你自己或是你的自我意识或是你的事业而工作了。给别人分派任务只是为了完成共同的目标。

对一些人来说，要推销他们的想法是一件很困难的事。对他们来说，要向高级管理者推销自己更是难上加难。即使你说服自己，这是为了共同利益，当你尝试认识对你的事业有促进作用的人时，你也还是会觉得自己很自私。实际上，你知道如果你不这样做，你的好想法和优秀的领导潜能就不会被发现。我采访过的一位管理者是这样向我形容他是如何勉为其难地推销自己的想法的："我个人觉得专业能力比较重要，但是我渐渐发现建立人际关系在这个组织中更为重要。我尝试通过自己的专业以及我能为这项业务做些什么，建立起一个人际关系网络，而不是通过我所认识的人来为我介绍更多的朋友。也许从职业的角度看，这并不是一个聪明的做法，但是我不能违背自己内心的想法，我想要建立起一个和专业有关的人际关系网络。所以，我的人际关系网络的范围是有限的。"

很多书和研讨会都推崇自我提升，在这里我并不想重复他们所说的内容。如果你正在努力尝试走出"真实性"的陷阱，那你并不需要学习太多的策略，而是要尝试改变你的想法。当我们不确定我们的个人职业目标是否会给公司带来价值时——在这种情况下我们会觉得自己非常自私，我们就会遇到很大的问题。当你尝试花时间认识更多高层领导者时（例如，在第三章所提到的，利用二度分隔关系来扩展人际关系网络），你就会看到自己有所进步，你的影响力会越来越大。

打破你的积极幻想

做过 360 度评估的人都会知道一个不太常见的术语"自我观察的差距"（Self-observer Gap），即我们如何看自己和他人如何看我们之间的差异。当我们遇到"积极幻想"（Positive Illusions）的问题时，要缩少这种差异会变得更难。我们会以最好的可能性来看我们自己，使得我们看不到他人是如何看我们的。

正如我们所看到的，雅各布拿到 360 度评估的反馈报告后非常吃惊。最令他惊讶的是他的下属们对他的评价非常低，他们认为他的情商很低，没有制定奖惩措施，反馈也很少，团队建设能力很差，很少向下属授权。其中一个人说雅各布常常忽略同事们的感受；另一个人认为对雅各布来说，接受批评是一件很难的事；还有一个人说雅各布在大发雷霆之后，又会突然说起笑话，就好像什么事都没有发生过一样，并没有意识到他的情绪变化造成了人心涣散。对曾经努力提升自己的信任度的雅各布来说，他觉得他的下属们认为他缺乏自控力这一点是很难接受的。

惊讶过后，雅各布承认这并不是他第一次收到这样的评价：几年前他的一些同事和下属就给过他类似的批评。"我觉得我该改变我的方法，"他反思道，"但是直到上一次拿到 360 度评估的反馈报告，我才下定决心要真正开始改变。"在内心深处，他理性地分析了这些反馈，认为它们是大多数领导者都会面临的典型问题："有时为了宣布结果，你必须要很强硬，但是大家就不喜欢这样的你。你要学会接受，因为这是你工作的一部分。"当然，他的理解是有偏差的。

我们所有人都会对自己以及自己对他人的影响有一种积极的幻想。心理学家解释说这些幻想通常都是好的，它们会增加我们的自信心，让我们远离沮丧的负面情绪。我们常常会认为我们知道的要比我们所表现出来的更多以及

能力陷阱

我们要比现实生活中的自己更好，就像小说里说的"沃贝贡湖"（Lake Wobegon），在那里"所有的女人都很强壮，所有的男人都很英俊，所有的小孩的智力都比平均水平要高"。例如，大学理事会对近百万所高校的毕业生的调查显示，这种"沃贝贡湖"效应从很早之前就有了：70%的人认为自己拥有超出平均水平的领导能力，只有2%的人认为自己在平均水平之下。

在我们把"领导风格"（Leadership Style）这个术语用作表现不正常，如自大傲慢、专横跋扈、轻视他人以及无法控制自己的脾气的委婉语时，积极幻想成了一个很大的问题。大多数人在大多数时候或是在大多数人面前都不是个怪人。我们把自己最好的一面展示在特定群体面前，而把坏的一面留给其他人。我们的致命缺点在很长一段时间内是没办法克制的，不仅因为我们要向上级汇报情况并获得一些积极的反馈，还因为不好的行为只是偶尔才发生。

正如心理学家罗伊·鲍麦斯特（Roy Baumeister）告诉我们的，我们无法意识到人类的本性就是——会记住最令我们心烦的事、伤我们最深的事以及我们做错的事。他把这种情况形容为"坏事情比好事情更具影响力"效应（"Bad is stronger than good" Effect）。它解释了当我们花大力气去改变时，如果有时我们因为压力过大而发生了一些不妥的行为，为什么所有努力就会前功尽弃。人们会因为看到问题而对我们产生偏见。没有人会有计划地记住好的或不好的行为，或是取中间的平均数——因为我们只会记住别人的不好，从而给那个人贴上相应的标签。

当我们认为自己的"自然风格"（Natural Styles）有问题的一面和我们最强的优势紧紧联系在一起时，积极幻想也会成为一个很大的问题。即使我们意识到缺点在哪儿，也还是会认为它是促使我们取得成功的一个重要方面。这种反应是很常见的，尤其是在360度评估中（在这个评估中，我们会从身边的人那里得到大量不好的反馈）。就像雅各布一样，很多人理性地分析这些评价后会说："是这样的，但是我必须要这样做，而他们也能从中学到很多。"（或者会说"这就是作为领导者的难处"。）

就像我们对他人的评价会有偏见一样，我们也会对自己持有偏见。对雅各布以及我们大多数人来说，坏事常常伴随好事发生。是的，他随时都有可能大发雷霆。在他看来，这是他每年都能获得好的业绩的部分原因。业绩结果让他再一次觉得他的致命缺点是很有必要和可以接受的，因为经验（到目前为止）证明了这是一种成功的方法，他不会害怕去承认它。只是他并没有意识到，他的成功和这种行为是没有关系的。

解释这种现象的一个最好的例子就是玛格丽特·撒切尔，之前我们讨论过她有远见的领导方式。和她一起工作过的人知道，如果有人像她一样忘了准备案例，她会毫不留情面，当众羞辱他。她是一个很差劲的听众，而且她认为妥协是一种懦弱的行为。当她成为众所周知的"铁娘子"时，她更加确信她想法的正确性以及通过强制的方式来完成工作的必要性。她可以让每个人都臣服在她坚定的言辞和信仰之下，而且越来越擅长此道。最终，她的想法被证明是错的。

我常常试着去想象撒切尔是如何看待自己以及她会拿到什么样的360度评估反馈报告。她在BBC访谈节目中随口说的一句话给了我一个好的想象空间，她说："在我退出政坛后，我会去经营一家公司，我会叫它'租一根刺'（Rent-a-spine）。"她那强硬和固执的做事方法给她带来了声誉，因此她相信这是做好事的唯一方法。就像雅各布一样，她告诉自己："没有我的固执，那我们现在的情况是什么样的呢？"即使在众叛亲离后，她还是坚持这样的想法。

建设性的批评能帮助我们重塑自我观念，遗憾的是，大多数负面评价都会被一些自卫性的回答挡在门外（如见附加材料"自我评估：你的真实性陷阱是什么？"）。正如麻省理工学院教授埃德·斯恩（Ed Schein）所说的，我们会忽略那些信息，认为它们是没有关系的，归咎于别人或是这份工作所带来的负面影响，或者最常见的是，直接否认它们的正确性——除非我们是从让我们获得最大利益的人那里获得的反馈。这就是为什么维持一个能给我们一些自己不愿意听到的反馈的人际关系网络是非常重要的——这样的人际关系网络正是撒切尔非常欠缺的。

自我评估：
你的真实性陷阱是什么？

想一想在哪一个领域中，你曾获得不止一次的差评或好评，或是不止一个人对你做过评价，并且你想在这个领域中取得进步。例如，也许曾有人鼓励你接受更多的任务，或是鼓励你改变领导风格，又或是鼓励你提出自己的想法，而不只是分析各种数据和事实。在下面的横线上写下别人给你的建议：

_____

现在，再来想一想是什么让你在这个领域里没办法取得进步。根据你的情况，在以下选项中选择"是"或"不是"。

　　　　　　　　　　　　　　　　　　是　　　不是

1. 我认为好的领导者应该和团队保持很亲密的关系。 ____ ____
2. 影响别人最好的方法是用事实说话，煽动他们的情绪只是一种利用别人的手段。　　　　　　　　____ ____

> 3.建立人际关系网络是一种推销观点、达到商业目的的方法，而我不会因此建立人际关系网络。———— ————
>
> 4.我所处的文化环境告诉我不要吸引太多的关注，因此在会议中我会尽量保持安静。———— ————
>
> 5.我的问题行为有我认为有价值的东西（例如，我的情商虽低但能帮助我很好地完成任务）。———— ————
>
> 你每选择一个"是"，都表示你很有可能已经掉入本章所讨论的真实性陷阱。

锋芒太露

总部设在巴黎的化妆品公司欧莱雅的工作场所非常国际化，员工来自各个国家，遵循着各自国家不同的行为准则，因此欧莱雅花了很多努力来提升员工们对不同行为准则的敏感度。同时，欧莱雅还有着非常独特的企业文化。它认为激烈的讨论是创造性想法的来源，但是这对来自中国的员工来说是一件难以完成的任务，因为他们从小就被教导"锋芒太露，必遭人妒"。当有这样文化背景的人和那些认为"无声无息，亦无所得"的人一起工作时，是很难成为领导者的。

在一个多元化的国际环境中工作时，找到一个真正有效的方法会变得更难。一个人怎样展现他的领导力，怎样推销自己的观点，怎样传达反馈信息，都将成为他自身特色性的东西。例如，我在 INSEAD 的同事埃琳·迈耶发现，用来劝说别人的方法以及你认为很有说服力的论点都非常独特，它们和你的文化、宗教和教育背景都有着密不可分的联系。作为一个领导者，展示真实的自己时，美国人最典型的做法是：讲一段你自己困难时期的故事，以及你是如何克服困难的。对于其他国家的领导者来说，这不仅是一个不自然的做法，还是美国人太过公开自己的隐私的表现，在商业关系中没有保持好最适当距离的一个例子。附

欧莱雅公司的文化与讨论中的对峙

以下几段引用展示了不同文化背景的人在公司里参与、领导并讨论事情的不同反应。

- "大家都知道，欧莱雅的文化是推崇讨论，通过讨论得出一个最佳观点，因为如果一个观点在讨论中没办法得到肯定，那它就不是一个好想法，在市场中也就没办法存活。对中国人来说，对峙是非常负面的行为。对峙是在某种程度上说不，并且会使人觉得没有面子，因此我们常常避免对峙。"（中国经理）
- "在日本，对峙被视为一种粗鲁的行为，侵略性太强，这非常不礼貌和不尊重别人。在一个销售会议上，有很多日本销售经理，大家都不会说英语，还有一个法国经理和他的营销团队。法国经理会让翻译问每

> 一个日本经理：'那么你认为这个怎么样？''你这样想的理由是什么
> 呢？'……最开始的时候，大家都很惊讶对方竟然让自己在那么多人面前
> 难堪，这简直是一种侮辱。"（日本经理）
> - "在意大利，我们会尽量避免对峙。我们也会表达自己不同的观点，但
>   都是以一种委婉的方式来表达——比起其他国家的同事，我们会用一种
>   更有策略性的方法来表达。在一场对峙后，当人们告诉我'我这并不是
>   针对个人'，我觉得我被侵犯了，我没办法不把他的想法看成是针对个
>   人的。"（意大利经理）

加材料"欧莱雅公司的文化与讨论中的对峙"向我们展示
了不同文化背景的人们参与激烈讨论时的反应情况。

企业文化是一把双刃剑。当它很强的时候，它可以把
人们凝聚在一起，达成一个"我们"的共识。一个太强的
企业文化往往会隐含一些准则，例如一个领导者看起来和
听起来应该是什么样的，这些准则并不像领导人才库里那
样多样化。对欧莱雅的一些员工来说，他们本国文化告诉
他们与别人直接对峙是一种不好的行为，虽然他们知道自
己需要对别人的观点发出有力的挑战并且明白这样做的价
值在哪儿，但还是觉得这样做违背了真实的自己。

尽管我们大多数人在接手国际任务或与国际团队一起
工作后，对不同文化的敏感度会增强，但我们还是希望领
导者们可以带头这样做：果断提出自己的想法，证明自己
的想法是有价值的，提出一个清晰的论点，并带头去做。

在英荷集团（Anglo-Dutch）这样一家全球化公司里，一些具有高潜质的人并没有来自一个告诉他们成功需要讲一口流利的英语，并且需要很强的表达能力（他们缺乏这些能力，这些能力是他们的劣势）的国家。这些表现可以提升自己在高层管理者面前的关注度（我们在第二章的时候提到过），但对他们来说是巨大的压力。

你甚至不需要一个国际多元化的环境来告诉你应该怎么做。世界上的男性和女性都有着不同的行为准则，而男性的标准都会靠近如何成为一个领导者。因此，在工作中，女性面临着两难的处境：如果她们表现得像一个领导者，就会带有更多的男性化气质，并且被认为进取心太强；如果她们表现得太过于女性化，她们的领导能力就不会得到承认，尤其当她们想要坐上更高的职位时。亚洲女性更是深受这个问题的困扰，她们要不就是被看成进取心太强，要不就是被认为不够格。一名亚洲女性告诉我："在亚洲，别人对我说我太盛气凌人了；而在欧洲，他们对我说我表现得不够像个领导，我需要提升我的领导能力，要有自己的立场，要学会表达自己的观点，态度要坚决……我觉得这样的要求太高，如果我变成这样的话，我都快要成为一个男人了。如此一来，做女人的意义又何在？我所认识的高层的女性领导和男人没什么两样。这对我来说是一个挑战，我不适合那个样子，我没办法按照那样的要求来改变自己。我的领导风格权威性不是很强。我该如何让自己看起来更有权威一些，看起来更像一个高级领导者?"

研究表明，你的成长与组织中地位高的人对你的认可有关，还与你的价值观和认知有关。当你在一种文化背景下所形成的认知与公司或是其他背景下的认知不一样时，你的领导能力也许就不会得到认可——这是你领导身份成长的重要因素之一。如果得不到认可和支持，你就会变得越来越消沉，你的领导欲望也会随之减少。

这个普遍存在的真实性问题的解决方法并不明朗，因为适应环境并不是一个合适的解决方法。接下来我们会看到，找到正确的平衡点常常取决于你的榜样——一个既成功又与你有相似之处的人（可以是文化背景相似，也可以是领导风格相似）。

扩展你的自我概念

领英的创建者雷德·霍夫曼（Reid Hoffman）和本·卡斯诺查（Ben Casnocha）合著的书中说："很多人对于建立人际关系网络的感觉和用牙线的感觉一样：对你是有益的，但不有趣。"我发现当你发展自己的时候，也会有同样的感觉，常常会觉得这很费劲。事实上，在我这个领域——组织行为学（Organizational Behavior）的研究者们，常常用"身份认知工作"（Identity Work）这个词来形容我们为了塑造、纠正、保持或是重塑我们的身份所做的所有事情。这相当于你最喜欢的书店里的"自我帮助类"的书籍，并不有趣，而且在你转变到一个新角色时有可能并没有什么用。

那可选择的办法是什么呢？那就是试着把自己的身份认知当作游戏一样去玩，做一些"身份认知游戏"（Identity Play）而不是"身份认知工作"。

我说的你要把身份认知当作游戏一样玩是什么意思呢？首先，我来解释一下研究所说的工作和游戏之间的不同之处在哪儿。事实上，这和事情本身并没有太大的关系——你可以在工作中玩，也可以在玩中工作——而是和你参加活动时的心态有关。

工作时，你是认真严肃的。你有一个明确的目标，时刻注意着时间，希望能够获得不断的进步，你不想偏离中规中矩的道路。当你玩游戏时，就会有很多不同的可能性。没有了时间概念，可以随意漫步。你所做的事情并没有太大的实际用途，你也不用遵守各种规章制度，只需要享受自己。你会充满好奇心，从而发现很多新的东西。以一种游戏的方法来做事的好处就是能提升你的创造力。

同样,你要是把自己的身份认知当成游戏一样去玩,就有可能发现很多可能性,而不用只是成为一种人。从本质上来说,就好像在调戏未来的自己,而不是不断地为了一个不存在的理想而评估目前的自己,或是测试一下"承诺关系"（Committed Relationship）,又或是想从他人那里获得支持,迎合他们要求的有局限性的且没有个性的观点。因此,把你的身份认知当作游戏,你就能够从中学到更多的东西。

在下面我将讲到三种重要的方法,把身份认知当作游戏会让你免于掉入之前提到的真实性陷阱。第一,当你把自己的身份认知当作游戏,你就会觉得直接从别人那里借鉴是可以的。第二,你的心态会从注重表现转变到注重学到的东西上。你将不再试着保护自己过去的身份,让其免受改变的威胁。你会更多地注重探索。第三,你每天都会有不一样的目标,你会一遍又一遍重复,甚至改进你的故事。你并不是在做一些虚伪的事,只是在确定新目标之前尝试不同的可能性。下面是一些介绍如何通过把身份认知当作游戏而避免掉入真实性陷阱的参考方法。

像艺术家一样偷师学艺

如果说有一种职业是注重真实性的，那就是艺术。同时，除了艺术家，没有任何人更清楚没有什么是原创的。

艺术家兼作家奥斯汀·克里昂（Austin Kleon）讲述了当他开始做"报纸摘选诗歌"（Newspaper-blackout Poetry）时所收到的评价。所谓"报纸摘选诗歌"就是把报纸里自己感兴趣的单词或词组圈起来，然后用记号笔把剩余部分都划掉，由此组成的诗歌。当别人告诉他有人曾经做过类似的事时，克里昂就去查阅资料，最后找到了在过去很多年中，不断有艺术家一个接一个地从别人那里获取这样的灵感。

通过研究，他发现这个"系谱"的研究可以追溯到18世纪，并且有很多不同的分支。他意识到他所提出的这种"报纸摘选诗歌"是众多不同影响的独一无二的结果。在他反思他的创作过程后，他总结出了一些基本的原则，在《纽约时报》（*New York Times*）出版的畅销书《像艺术家一样偷师学艺》（*Steal Like an Artist*）中有所提及。以下是我摘录的他得到的几点发现：

◎　没有什么是原创的

◎　你只可能做得与你身边的事（或人）一样好

◎　不要等到你完全认识了自己才开始做事

◎　模仿你的榜样

太多的人担心这样做的话自己就是一个"小偷"，但是克里昂说："如果我等到自己完全认识了自己或是在我开始创作之前认识到我将成为什么样的人，好吧，那我仍然只是坐着不动，还在试着不断地反思自己，而不是动手去做。通过我的经历，我发现我们是在动手去做事的过程中弄清楚自己到底是谁的。"（如图 4-2）

图 4-2

奥斯汀·克里昂提出的好"小偷"与坏"小偷"之间的区别

好"小偷"vs 坏"小偷"	
荣誉	耻辱
学习	浏览
从很多人那里"偷"	只从一个人那里"偷"
信誉	抄袭
创新	模仿
融合	偷窃

来源：摘于奥斯汀·克里昂 2012 年出版的《像艺术家一样偷师学艺》，工作者出版社（Workman Publishing）。

这其中也有一个诀窍。在整个模仿别人和仅仅模仿一个方面、从不同的人那里提取精华、经过修改和改进从而得到自己独特的见解之间是有很大不同的。我调查的一些投资银行家和顾问能很自然地做到这些，下意识地从更成功的高级管理者那里借鉴不同的领导风格和领导策略。而在我的学生中，那些认为他们必须要找到一个最佳榜样的人，就觉得模仿别人这件事对他们来说很困难，还会让他们觉得自己不真实。就像作家威尔逊·米茨纳（Wilson Mizner）所说的，如果你模仿一个作家，那就是剽窃，但是如果你模仿很多个作家，那就是研究。这就是辛西娅所做的，她建议大家找出那些优秀领导者所学习的东西，并且认真地观察他们。对克里昂来说，真正重要的不是"偷"别人的风格，而是"偷"隐藏在风格背后的思想，这样一来，你就能探究那个人心里的想法，能用他的方式来看世界。

为了学习

我们要承认，我们之所以不敢试着朝不同的方向发展自己，是因为害怕失败，害怕我们的表现遭到质疑。哈佛大学心理学家罗伯特·基根（Robert Kegan）和他的同事发现，很多人在工作的时候都会把大量精力花在做别人没有要求他们做的事上：维持自己的名声，展现最好的自己，不在其他人甚至是自己面前露出缺点。

毋庸置疑，我们每个人都希望在一个新环境中能有一个好的表现，把合适的策略用在合适的地方，希望我们的表现能获得奖励，并且能在事业上获得新的进步。如果只是把目标定在我们的表现上，我们就会更不愿意仅仅是为了学习就冒险去尝试不同的自己了。当你要转变到一个新的角色时，你的表现目标很有可能产生事与愿违的效果，因为我们学得越少，成功的概率就越低。

下面来看一看碰巧发生在托马斯身上的事。托马斯是墨西哥一个大型销售团队的经理，他们团队的业绩占墨西哥分公司全部收入的 40%。托马斯负责高级的销售任务。为了让他能接触到更多从事该业务的人，他的上司任命他为墨西哥分公司的经理。托马斯把这个职位描述为既是他最大的发展机会也是一个最大的挑战："现在，我有机会与所有的生产厂商建立联系，包括那些之前从没有接触过的，包括所有的职能领域，如产品研发（R&D）、财务以及市场领域。从根本上说，我需要学习这 40% 的业务。"他知道自己被委以重任，因此他假装自己很自信，以此来掩盖经验的不足。

之后，董事会要求托马斯在会议上做一个项目的进展报告，但这个项目并不在他的专业领域范围之内，这件事成了他发展道路上的一个转折点。托马斯知道自己的提案很有可能遭到反对，而且他担心在做报告时有人打断他，这样的担心是可以理解的。为了保证事情在可控制范围内，他顺着幻灯片一直往下讲，照着稿子念。尽管董事会成员有很多不太明白的地方，但他不给他们任何机会来讨论这件事。为了得到认可和支持，他只关注如何保护自己在大家面前的专家形象，而忽略了更大的目标。因此，他错过了以此了解大家心里想法的机会。他的提议理所当然没有得到采纳，过了好几个月，他才明白其中的原因。

在一系列独创性实验中，心理学家卡罗尔·德韦克（Carol Dweck）发现，我们对在别人心目中的形象的担忧会阻碍我们学习一些新的或是不熟悉的东西。当人们所追求的目标是他们所谓的"表现目标"（Performance Goals），他们就会主动在别人面前表现自己有价值的特质（如聪明、谦虚、很好的价值观），他们还希望找到与他们有着同样特质的人来证实自我形象的价值。相反，如果人们所追求的目标是"学习目标"（Learning Goals），他们就会主动发展自己当前拥有的有价值的特质。

关注表现或形象的人更偏爱那些能帮助他们建立好形

象的任务，而不喜欢帮助他们成长的任务，并且他们认为好的表现能展现自己明确清晰的领导力。卡罗尔的研究表明，这类人更容易产生焦虑和恐惧情绪，不会想办法弥补自己的缺点，通常说得多听得少，喜欢用一些自己熟悉但不一定适用的方法，就像托马斯一样。

与托马斯相比，一个很好的反例是克里斯·约翰逊（之前第三章提到过）。在与区域经理进行的第一次会议上，区域经理认为克里斯是把他的企业软件实现硬塞给他们。克里斯知道他们并不高兴，他希望得到一些反馈，因此，他丢掉准备好的演讲材料，整个上午都在进行问答讨论。这样做需要很大的勇气，那个上午对他来说是残忍的。区域经理们不断向他提出问题，但是克里斯想要了解他们心里的想法，所以就像他说的，他这样做就像拳王阿里（Muhammad Ali）受到来自拳击冠军乔治·福尔曼（George Foreman）的重击一样。午饭后，克里斯实施了一个更有趣却也更艰难的方案。"你们多少人喜欢我的工作?"他问。没有一个人举手，他接着说："如果这个方案不可行，我会被解雇。如果我被解雇，我的老板就会在你们当中选一个来接任我的职位。所以，现在的情况是这样：如果你们不想做我的工作，那你们就要努力让这个方案可行。"

　　很多管理者都会不断想要完成各种"表现目标"。例如，他们可能会接任一个新的角色，在董事会做展示或获得其他表现自己的机会，又或是回应一些正式展示时获得的不好的反馈。如果你处在这种模式，那你就是把自己放在最有利的状态中：降低风险，保持积极幻想。而"学习目标"模式会让你想到一个更有趣的方法，这个方法能将你内心对真实性的渴望同带有强大动力的领导渴望协调在一起，从而使你获得成长，最重要的是，能使你发现并扩展自己不一样的可能性。

学会灵活讲述自己的故事

　　著名作家萨尔曼·拉什迪（Salman Rushdie）曾经说过："有些人对会影响自己生活的故事没有控制权，不会重述它，不会重新思考并分析它、拿它开玩笑，不会随着时间的变化不断地改变它。这样是不行的，因为他们没有提出任何新的观点。"正如我们之前看到的，一些领导者喜欢通过讲述自己的故事来感染别人。要让个人故事传递出自己的价值观或目的的可靠方法是，认真思考在我们生命里出现的那些最具代表性的事，如当我们的勇气遭受挑战时或是当一件一生中的大事给我们一个重要的教训时。

就像我们的职业身份会成为过去一样，我们的故事也会过时。认知科学家丹·丹尼特（Dan Dennett）曾说过："我们的故事就像纺车一样，但是大多数时候并不是我们在纺它，而是它在纺我们。"当它没办法满足我们的目的时，我们就需要时不时地对它进行修改。

奥美集团前任 CEO 夏洛特·比尔斯给出了一个极佳的例子来说明这个问题。她曾指导过的一个管理者玛利亚把自己看作一个"非常关心周围事物的人"。这个自我认知来自玛利亚需要牺牲自己去照顾她那个大家庭的经历。但是，夏洛特告诉玛利亚，她的这个故事和自我认知阻碍了她前进的道路。这个故事将她的形象限制为一个友好的、忠诚的团队成员及和平保卫者，而不是一个能承担大型任务的领导者。于是，夏洛特和玛利亚一起寻找玛利亚人生中的另一个关键时刻——年轻的玛利亚离开家在世界各地旅游了 18 个月。这个故事里体现出的勇气，能让玛利亚看上去有能力领导她的团队。最后，她得到了晋升。

丹·麦克亚当斯（Dan McAdams）把他的整个职业生涯都花在学习一生中的重要事件上。他说一个人的身份是"一个内在化且不断进化的故事——来源于过去、现在和未来"。他所说的并不仅仅是学术用语，而是说你要相信自己的故事，并将其内在化，而且它会一直根据你的需求发生变化。当你的目标改变时，你的故事也应该随之改变，这样的话，你的故事才能与你新的目标相关，从而赢得观众的共鸣。你不是去编一个小说，而是选择性地讲述那些对你产生影响的故事。这就是视情况修改自己的故事在前进过程中是非常重要的一部分的原因。

要像水一样

在我最喜欢的 TED 演讲之一"重新想想我是谁?"（Who Am I? Think Again）中，演讲者赫顿·帕塔尔（Hetain Patel）引用了著名武术家李小龙（Bruce Lee）所说的"像水一样"。赫顿是一位表演艺术家，对身份研究特别感兴趣，他认为我们每个人都会有很多个不同的自我。他的父亲是移民到英国的印度人，作为印度人的后代，赫顿常常因为自己的印度血统和外貌，被他人限定于一种固化单一的形象。在这个关于真实性严肃又有趣的演讲中，他讲述了自己是如何通过模仿自己的偶像——他的父亲、蜘蛛侠、李小龙以及他的中国老师（老师是一名女性，因此他的语调偏向了女性），来认识自己的。例如，在制作一段视频的时候，他像他的父亲一样留起了胡子，并记录了留胡子后对他的自我形象产生的影响。

赫顿非常喜欢李小龙，因为李小龙不断尝试用新方法与自己的想法融合来创造新的艺术。李小龙认为人们应该"利用一切能利用的资源"。他所说的"像水一样"，是指不要仅仅局限在一个形象里，要能适应新的环境，在新的环境里塑造一个新的自我形象（例如，把水倒进杯子里，它就是杯子的形状；把水倒进瓶子里，它就是瓶子的形状）。

赫顿也总结说："这和我们常有的假设相反，模仿他人可以揭示某种特殊的东西。所以每一次未能成功模仿我的父亲，我就会更像我自己；每一次未能成功模仿李小龙，我就会成为更真实的自己。"克里昂也说过类似的话："人类的一个很神奇的缺点就是，我们没办法完全模仿别人。在我们未能成功模仿我们的偶像时，便会发现真实的自己。这就是进步过程。""开始行动起来：发现真实的自己"小节告诉我们，如何通过学习新的经历和模仿他人来重新认识真实的自己。

开始行动起来

发现真实的自己

» 接下来的三天里，找出你的偶像，即你所崇拜的领导者。然后认真观察他们的言行举止。

» 接下来的三周里，对他们进行进一步的了解，了解是谁
影响了他们，了解他们对于自己的工作有什么样的看法。
与他们交流工作目标，并了解他们如何发现自己的工作
目标。把你所搜集到的信息汇集起来，试着学习偶像有
用的好的品质。

» 接下来的三个月里，找到之前让你感觉不舒服的环境。
如，做展示，在讨论会上或是其他重要的会议上发言。
定下学习目标。尽可能地和之前的常规表现不一样。

　　按照定义来说，学习常常是以一些不自然或是让人们
觉得虚假的行为开始的。我们之所以会觉得虚假，是因为
我们常常会去做一些策略性计划，并估算它会给我们带来
什么样的好处，而不是自然的真实情感驱使我们去做。找
到和下属之间合适的距离，学会推销自己的观点，与上级
搞好关系，适应一个新的环境，掩饰我们的黑暗面：要处
理好这些事情不是一个自然而然的过程。我们常常以真实
为借口，把自己限制在一个封闭的环境中，而不去接受新
的信息，尝试新的环境。就像赫顿和李小龙所说的，有时
候我们应该学会像水一样，让新的环境来塑造我们的自我
形象。

总 结

✓ 成为一名优秀领导者的路上常常会有很多让自己觉得虚假的挑战：接任新的角色，推销自己的观点，与上级搞好关系，适应新环境，接受别人对你的消极评价。

✓ "随机应变者"能够很好地根据不同的环境转换自己；而"坚持真实者"在自己的舒适空间外活动时，就会觉得很虚假。

✓ "真实性"陷阱会阻碍你成为一名优秀的领导者，因为那个真实的你只是一个过去的你。如果要获得进步，就要摆脱这个过去的你。

✓ 避免"真实性"陷阱的唯一办法就是，尝试一些新的事，尝试朝不同的方向发展自己。一开始，那些新的事情可能让你觉得不自然，你不用刻意去做，它们就能让真实的你自然地流露出来。

✓ 你的身份，即你是谁，不仅关乎你的过去，而且关乎未来你会成为谁。

✓ 以下是可以让你试着朝不同方向发展自己的三种方法：

· 像艺术家一样偷师学艺：观察你偶像的言行举止，记录下你要从他们那里学习到的东西，不断地改变自己，直到找到最真实的自己。

· 为了学习：设定"学习目标"，而不仅仅是"表现目标"。

· 学会灵活讲述自己的故事：用不同的方式去讲述；根据情况讲述不同的故事重点；不断地修改，就像不断修改自己的个人简历一样。

205

第五章

合理规划前进的道路

在前面三章中，我给出了如何增加你的外在表现力的建议，那么接下来要如何做呢？这些努力如何提升你的领导能力呢，为了回答这些问题，你需要进一步了解改变是如何发生的，以及人们常常误以为的改变过程是什么。

人们常常希望自己会有这样的改变经历：一瞬间很多东西突然进入，在那之后一切都改变了。这样的幻想来自我们从小听到的故事，例如，《圣经》中扫罗（Saul）前往大马士革追捕基督徒的故事。在途中，他遇到耶稣基督后，突然就变成了保罗（Paul），并从那以后开始终身信奉基督教。在每种文化和宗教中都存在这样的故事，它们都讲述了一件事改变了一切，但是现实生活中，改变并不是这样发生的。

一个更好的例子是尤利西斯（Ulysses）的故事。关于他返回伊萨卡岛漫长旅程的故事，旅程中充满了种种诱惑。就像著名诗人罗伯特·弗罗斯特（Robert Frost）所说的，我们会在这个过程中迷失，找不到自己。

因此，成为一名优秀的领导者，并不是一件突然就发生的事，而是一个漫长的积累过程。

采取新的行动很重要，即使有时候做一些新的事情会让我们觉得虚假，因为它们很快就能带来成果，并不断刷新可能性。但是生活中很少会有一条清晰的完成界线，事情会变得很复杂，我们会变得很忙碌，时间的压力也会大大增加。我们几乎常常没办法忠于自己的承诺。因为在最开始的时候，我们常常没办法扮演好新的角色，不愿意放弃过去习惯的行为方式。慢慢变得越来越明显的是，我们的目标总是在不断地变化。这也就是为什么要通过去做才能知道我们学会了什么是很重要的，一个新的自己会给我们带来更大的变化。

令人称奇的转变之旅

乔治是一位制造工程师，他被公司选中参与一个重要的重建项目，与他共事的有各职能部门的专家、生产主管和其他工程师。他已经在公司制造部门待了十五年，觉得有些无趣，因此他很期待这个为期两年的项目。他很想走出之前的小圈子，学习一些新的东西。在他签署合约的时候，他不知道参与这个项目会给他的事业带来什么样的影响。

参与这个项目深深地改变了他对公司的认识以及他的工作目标。乔治对公司有了全面的了解，并且第一次发现他之前的视角是那样狭窄，很有局限性。一段时间以后，他发现自己能够系统地思考问题了，发现自己的努力带来了改变——从做一些职能工作转变为让公司能更好地服务于客户。

在这些新的思考方法成熟以后，乔治发现他与之前部门的联系变得越来越少，他觉得自己不再属于那里了。取而代之的是，他开始寻找机会与其他项目组的成员建立联系，除此之外，还与外部一些更大的同样曾遇到工程问题的团队建立了联系。

这些新的经历和关系让他重新认识了自己，重新审视了自己的工作目标和事业野心。项目结束后，他一点儿也不想回到之前的部门。让公司能更好地服务于客户的工作比较有意义，它让乔治感到自己的影响力有所提升，他想要更多的进步。

这个改变不是一夜之间就发生的，而是他在项目中工作时，成为全行业里重建工艺工程师中的一员后，一点点积累起来的。在最开始所有项目参与者都参加的培训中，乔治学会了重新设计业务流程的工具，并了解了什么是根本原因分析（Root-cause Analysis）和流程图（Flow-charting）。这些概念太过抽象，与团队所遇到的实际问题并没有太大关联。对于自己到底要做什么，他常常感觉很迷茫。为了弄清楚这个问题，他把目光投向外部，参加各种会议，和其他组织的相关人员建立关系，接触这方面的专家。经过一段时间，他开始了解这个复杂的系统，开始为公司提出自己的见解。积极参与该重建项目让他这些新的常常还带有疑惑的经历保持着活力，这些经历充满了塑造一个新身份的意义。

前几章里所提到的那些管理者的故事，都是以一些相同的抽象方法开始的。他们接触传统的领导力概念，读一些相关方面的畅销书，找一些老师帮助他们改进自己的领导风格，然后苦思冥想自己想要的是什么，需要改变的是什么。但这些与学习做领导工作、深刻理解领导力为什么重要、对个人有什么意义相去甚远。一旦发生这种情况，他们就需要经历一段转变过程，就像乔治经历的这样，这个转变过程比他们最开始设想的更有挑战性。

照食谱做菜并不能让你成为一个好厨师

很多改变的方法告诉你，开始的时候要想好改变以后获得的结果是什么。实际上，弄清楚你想要成为什么样的领导者是改变中最后一件需要做的事，而不是第一件。

乔治也许会告诉你，他之前的工作对他来说没有挑战性，所以没有什么意义。不管他花多少时间来反思他要去哪里或是他要成为谁，他都不可能找到像在重建项目小组里所找到的工作目标。是那段经历让他进一步感受到自己想要改变的愿望，并让他有机会建立一个更具吸引力、更具体的选项。

要做到这样不是一件容易的事。在重建项目开启的第一年中，乔治很难将自己的新角色与之前的价值观融合在一起。例如，他发现当他全身心投入一件事时，他开始变得很喜欢管理团队——之前他觉得这是一件很无聊的事。学会这件事也付出了一定的代价：随着他对组织及其问题的思考方式的改变，他再也没办法回到以前的团队了。

来听我的课的学生们也遇到了同样的问题。经过一周高强度培训前几章所提到的内容，他们回去以后想出了一个个人行动计划。这个计划仅仅是让他们开始行动起来，这绝不是一件一步到位的事。通常情况下，他们一开始会去摘一些长得最矮最容易得手的果实，即做一些最明显最直接的事来改善重要的工作关系、扩展人际关系网络以及开展新项目。先加后减，也就是说在放弃自己日常工作之前，他们大多数时候关注的是自己还能做其他什么事。总之，回到工作岗位后，他们都变得非常忙。他们偏离了该走的轨道，而进步速度太慢让他们觉得沮丧，其中一些人便放弃了。那些坚持下来的人，从一些在虚拟会议以及校内会议上认识的人那儿获得了帮助，渐渐地看到了自己的进步，同时也会认真思考他们必须保留什么以及他们会继续做什么。

乔治和我的这一部分学生都经历了我所说的"进步过程"（Stepping-up Process）。这个过程发生在 A（现在的你）与 B（未来的你）之间（如图 5-1）。进步是一种转变，这种转变无法预测、混乱不清、曲曲折折，并受情绪控制。之所以会这样，有以下几点原因：

· B 是未知和不确定的。

· A 已经不再适用了。

· B 有很多种可能性。

· 当我们接近 B 的时候，它发生了改变。

图 5-1

成为一名优秀领导者的进步过程是从 A 到 B 的过程

任何个人改变的过程都分为三部分：A、B 以及中间的转变过程。A 是我们目前的状态：目前的做事方法和身份。目前的我们可能并不是最好的，但我们习惯了这样的自己，觉得很舒服，因为我们知道该期待什么。在 A 的状态下，我们是成功的，我们知道这时会获得什么样的评价。而 B 是我们渴望的未来状态，是不可知的。我们尝试着朝 B 努力，一开始的时候，情况常常不是很明了，在我们经历转变过程的时候，它也经常会发生变化。B 会跟随我们的变化而改变。

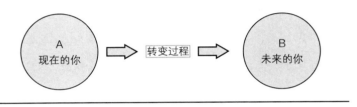

最后的结果证明，努力完成转变与为了一个已知的目标而努力完全不一样，就像按照食谱做菜与成为一个好的厨师完全不同一样。当你尝试做出一些好吃的东西时，如果你的食材正确，并按照食谱来做的话，一般情况下就没有什么问题。这是一个"投入—产出"模型，产出的东西是多变的，咸淡程度是不一定的，和食谱书上的图片的相差程度也是不同的。通过练习，很多人都有望成为一个比最初时要好的厨师。

　　当你尝试成为一名优秀的厨师时，投入的东西也很重要，不过你所投入的时间和精力与最后得到的结果之间并没有很大关系。成为一名优秀的厨师取决于增加你创造新食物可能性的条件，比如得到一名优秀厨师的指导，去远方寻找新食材，偶遇一位著名的美食评论家，或是与最好的食物供应商建立良好的人际关系。但是，这些东西都不会保证你能达到自己的目标。在这种情况下，成功取决于你是否成了一个不一样的自己。

　　成为一名优秀的领导者的进步过程更像是成为一名优秀厨师的过程，而不仅仅是照着食谱做出好吃的东西。进步过程中有一些你可能没有预想到的方式改变了你。

可能的进步过程

　　尽管你不能预测 B 到底会是什么样的，但你可以预测一下转变过程可能经历的阶段。通过研究，我发现转变过程大致可以分为五个阶段。你不可能从当前的问题阶段（阶段 1）一下子就成了一名优秀的领导者（阶段 5），在这中间还会经历一系列阶段（见附加材料"成为一名优秀领导者的进步阶段"）。

成为一名优秀领导者的进步阶段

阶段 1: 感受差距

- 感受目前的你和你想要成为的人之间的差距
- 增加采取行动的紧迫感

阶段 2: 只加不减

- 增加新的角色或行为方式（不会放弃旧的角色或行为方式）
- 增加外在表现力，获得一些容易得到的成果

阶段 3: 混乱迷茫

- 遭遇挫折，感到筋疲力尽
- 疲于把时间和精力花在新旧角色转换或行为方式上；受困于周围人对于以前的那个你的肯定

阶段 4: 重新设定前进方向

- 挫折，带来更大的职位问题
- 是时候将外在表现内在化了：反思新的经历来重新检验过去的目标，从而提出新的目标

阶段 5: 内在化

- 你的新身份会使改变继续进行下去

感受差距

进步过程常常以感受目前的你和你要成为的人之间的差距作为开始，这个差距能激励我们开始付诸行动。

事实上，成年人的学习和改变大多数时候都是从对自己不满意或是觉得很迷茫开始的，他们发现了自己的期望与别人的评价之间的差距。多年以来，心理学家利用"胡

萝卜加大棒"（Carrot-and-stick）的类比来强调促使个
人发生改变的"大棒"（Stick）或痛苦经历的重要性。例
如，负面的个人评价或360度评估以及失败经历所带来
的失落感，这些经历就像一根"大棒"一样。如果你同时
拥有"胡萝卜"，例如强烈的野心、一个催人奋进的目标
或对理想自我的憧憬，那么你就同时具备了"胡萝卜"与
"大棒"，你就能够实现成功的改变，这就是"胡萝卜加
大棒"的理论。

　　该理论的问题在于自我激励的方法常常没什么用，因
为改变的过程实在是太艰难。调查数据不是很乐观：80%
做了新年计划的人会在二月中旬就放弃了；三分之二的节
食减肥者一年内体重又会恢复到原来的数值；有些人办了
健身年卡但从来没有去过，有的也只是坚持了一个月；
70%接受心脏冠脉搭桥手术的病人在术后两年又恢复了不
健康的生活习惯。即使是在生死攸关的时刻，我们也常常
没有办法坚持改变。我们或许知道自己应该改变，改变对
我们来说是很好的，但我们发现这真的是一件很难的事。

　　同样地，很多管理者参加提升领导力培训班是受到了
"大棒"（如收到来自像上级那样重要的股东的负面评价）
或"胡萝卜"（如想要升职或是扩大自己的影响力）的刺
激。不过他们几乎没有取得任何进步，因为他们缺乏一种

紧迫感（就像想要减肥的人常常说"是的，从下周一开始我要减肥，我要多多锻炼"）。

让我们回到第二章讲过的杰夫的故事，他的团队成员制作了"杰夫的需求等级"金字塔，在最底层写上了"解决问题"来取笑他太过于关注大小事务。这些负面评价并没能促使他改变自己，相反，他向上级解释他这样一个微观管理者是如何对公司大有益处的，从而合理化了那些负面评价。

后来是什么促使杰夫把改变自己放在第一要务的呢？是有一次他的上级告诉他："现在是你该选择走什么样的路的时候了。你是一个重要的管理者，我们公司现在正在新兴市场上迅速扩展，因此需要你做出更多的努力，你也将会得到更多的报酬。如果你最后想要成为公司的一名高级领导者，你现在就需要做出决定，因为你现在的决定会影响你以后的路。"

很棘手的一件事是，杰夫很喜欢自己亲自动手去解决各种问题。但是，在他无数次重复这些基本一样的事情后，他还会喜欢做这些事吗？杰夫意识到最后他会觉得厌烦，并且没有其他选择。由此，他发现是时候开始改变了。

像杰夫这样的人，只有在遇到一些迫切需要改变的事时才会开始采取行动。当杰夫发现如果自己一直待在同一个岗位就永远不会有机会往上爬的时候，紧迫感出现了。另一些人在遇到一些具有影响力的人物或是遇到最为紧急的危机——失业或是错失非常想要的一个机会时，会产生需要改变的紧迫感。

只加不减

当没有一个更好、更有趣的事情来消磨时间时，我们不会停止做之前那些能给我们带来好处的事情。这就是为什么开始改变的最佳方法是我所说的"只加不减"：做一些之前没有做过的事，练习一些新的行为方式，做一些之前日常工作之外的事，建立一些外部人际关系网络。

正如本书之前所提到的，雅各布从来不会到处去分派任务或是减少管理一些细节问题，直到他发现一些更有趣的事情要做：思考公司的采购策略问题。他发现问题是，在自己的办公室里花上两个小时的时间来思考这个问题，而且不被其他人打断是一件很难的事，因为每次他关上门后都会有人来敲门。不断有人来敲门的原因是，他还没有进行第二项重要的改变：减去一些他没必要做的事。

我们之前看到，雅各布也下定决心要与销售总监建立关系，更多地了解其他部门的同级，如此他们才会更多地考虑他提出的想法。毕竟，如果没有人关注你的想法，那么每天花两小时的时间来思考也是没有用的。为了增强团队成员自己做事的能力，雅各布还把更多的时间花在培训下属上，开更多的会议来增强团队内部的交流并尽快地发现问题（这样一来就可以避免不断地出现问题）。他发现自己从来没有如此忙过。

像雅各布一样，很多有很高成就的人在开始练习一些新技能的时候，会发现自己比以往要忙很多。从已经安排好的计划表中挤出时间来发展新角色或参与一些新的活动是非常困难的，而且在我们觉得以前做的努力还有价值之前，我们是不会减少做那些事情的时间的。在这个过渡时期，我们会继续完成以前的日常工作，从而很难坚持做那些新加入的工作。就像雅各布一样，只有当新的工作获得足够回报能让你坚持下去后，你才会减少之前的工作。

混乱迷茫

接下来，雅各布进入我所说的"混乱迷茫"阶段。他发现自己在回到"驾驶员"的领导风格后，下属们对他的改变的评价是——那不是真正的他。

像领导方式这样的个人改变通常都是曲折的，我们都

会天真地希望改变过程能够不断前进（我们假设这是一件
只要触发正确的按钮或是催化剂甚至是敲一下脑袋就能完
成的事）。改变自己也不是像理论告诉我们的那样——像
一条 S 形的曲线，经过一段缓慢的开始，到达临界点后就
会有一个快速进步的过程。事实上，在事情变好之前常常
会经历一个非常痛苦的时期。个人改变的过程更像是波浪
形的曲线，有跌入低谷的时候，也有达到顶峰的时候，是
一个曲折的前进过程（如图 5-2）。

图 5-2

个人改变模型

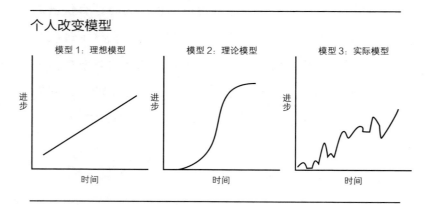

我们已经讨论过改变过程之所以如此波折的一个原因
是，在痛苦的时候，自己的决心没办法支持你继续完成改
变。另一个原因是，身边的人认为你做不到或是你坚持不
下去——这些评价会对你的心态造成很大影响。在我的课

程快要结束的时候，当学生们充满了想要付诸实践的激情和动力时，我给他们看了一幅卡通漫画。漫画的背景画着一个戴着眼镜的男人推开办公室的大门，高举手臂做了一个胜利的手势。他身披超人的披风，胸前衣服上印着"领导授权会议"。前方一个员工弯着腰坐在办公桌前，把头歪向另一边用手托着，做了个鬼脸。每个人都笑了，他们都明白了这幅漫画的含义。

这幅漫画告诉我们的是，你的团队或组织可能不会理解你的改变，或是不会认同你的新想法。你的上级、团队、同事或是你的朋友和家人都没有经历过这样的转变过程。更糟的是，他们会对你的新改变产生怀疑。通常情况下，他们的态度是"我们不要理他，他就不会这么做了"。不管是否是下意识的，他们只会认定你以前的形象。这些压力会消磨你想要改变的决心，然后过不了不久，你就会回归原样。

奥拉夫是一家金融服务公司的经理，他就遇到了这样的问题。他参加了为期一个月的领导力培训课程，因为他需要休息一下。"我的激情都没有了。"他说，"我来参加这个培训是为了让自己重新恢复激情。"在培训期间，奥拉夫学到了很多关于改变的东西，因此他非常兴奋，他说："我非常期盼在我回公司后能做出一些令人惊讶的改变。"在为期一个月的培训结束回到公司后，等待他的是一大堆需要他来做的事，而且每个人都希望他能处理好他离开期间没有处理好的事。因此，他没办法实现他所期待的变化。

在这样一个复杂的过程中要取得进步需要一项新的任务，因为停留在过去的任务中只会让你继续停留在过去的角色中，人们对你的期望也只会停留在过去。杰夫正是因为接受了新的任务，才使自己度过了这个阶段。在他出色地完成了之前的任务后，他的上级给他安排了一项新的任务：领导一个更大的部门，为一个更大的市场服务。这个新角色的任务对过去的杰夫来说，是一个非常大、非常复杂的任务。这个任务需要进一步发展，而不是需要改变。这就迫使杰夫需要做一些与之前完全不一样的工作，他需要建立更多的人际关系网络，并且改变自我认知，这个新任务促使他朝着下一个阶段继续改变。

重新设定前进方向

"混乱迷茫"阶段所产生的迷茫最终使得奥拉夫回顾了一下自己之前所定下的目标。他参加的培训为他打开了一扇新的大门。对于如何重建公司，他有了很多新的想法。

他与跟自己有相似经历的同事们一起讨论，从此他的职业之路向着以前从未想象过的方向发展。参加培训之前，他只是想要让自己放松一下，在培训结束之后，他的野心又回来了。那个充满自信的、像一个领导者的他开始显现出来。很可惜，他的公司老板和下属都还没有做好改变的准备，他的公司并未与他一起获得成长，因此他在努力想要改变时受到了来自公司各层的阻碍。经过再三思考，奥拉夫意识到他的成长超出了老板对他这个岗位的期待。因此，奥拉夫在审视了一下自己的目标后，辞去这份工作，开始创建自己的公司。

我们需要注意的是，奥拉夫的目标并没有指引奥拉夫前进的过程，而是在奥拉夫改变的过程中显现出来的。因为他不可能提前知道自己的目标是什么，所以他之前并不清楚自己想要做什么。花很多时间预先弄清楚他的目标是什么，对他来说会有什么好处呢？

我们如何设定自己的目标以及这些目标如何指导我们，这两个话题数十年来深深吸引着心理学家。遗憾的是，在改变过程的中间阶段，很多建议都很机械，告诉我们这个世界是静止的，如我们需要设定一些明确的、可以衡量的、野心勃勃的目标，而且很多理论都告诉我们最有效的目标是具体的、可衡量的。多次研究后发现，我们设定具体的目标时，并没有考虑到新的行为方式符合我们的目标的可能性，最后我们不得不改变目标。

当我的学生们回到工作岗位，将改变付诸实践，过了几个月又返回学校后，不出意外，每个人的目标都改变了，都不是最开始设定好的那些目标。在解决了 360 度评估里最大的问题后，其他的问题都能很容易地解决掉，目标也能很容易地达到，然后他们就开始思考进行一个长期的改变。他们的日程表上多了很多东西，不仅仅是那些别人希望他们去做的事。

这个时候，他们开始把外在表现力内在化——反思、修改，为自己以及自己的职业发展设定一个正确的前进方向。在奥拉夫的例子中我们可以看到，他所经历的迷茫（以及生气）最终让他进入更深层次的思考之中：他的能力已经超出了职位能力要求的范围；不管怎样，所在岗位已经不能再让他继续成长了。过了一段时间，他才意识到这件事，这件事是问题的关键所在，他还在过去的职位以及目标下努力，这就使得他没办法继续进步。

虽然一开始的时候，我们所做出的改变只能一小步一小步地慢慢增加，但在某些时刻回过头来重新审视一下我们的目标，看看这些目标和未来前进方向是否相符，还很重要的。随着我们的经验越来越丰富，我们能更好地判断成功或失败是否和之前设定好的目标相关，更重要的是，要回过头去看看我们的目标是否发生了改变。

内在化

　　心理学家利用术语"内在化"来形容外在变化、短期实验以及模糊的事业目标都需要内在化的过程。我将其形容为"把外归内"（Bringing the Outsight Back In）。你把一个改变内在化以后，它就会依靠你的经历变得坚实且有基础——真实存在，能触碰得到，并且深深存在于新的自我定义中。这就是一个由外在表现力转变为内在洞察力的过程。

　　内在化是改变必经的一步，它能帮助人们从所知及所做进一步走向认识自己。做你应该做的事和做你内心想做的事是不一样的。例如，一个管理者可能知道在做幻灯片展示时，不要只是念演讲稿，而应该用一种富有激情的演讲方式来感染士气低落的员工们。如果他将这种需要鼓舞人心以及与员工们搞好关系的价值观内在化，他做出的展示就更能鼓舞员工，因为这种演讲方式与他的价值观以及他想要展示的东西相符，也就是说，这就是他。这和我第一次在课上讲的"标记领土"的故事是一样的；这是适合证明我现在所坚信的观点的另一个例子。

图 5-3

转变过程

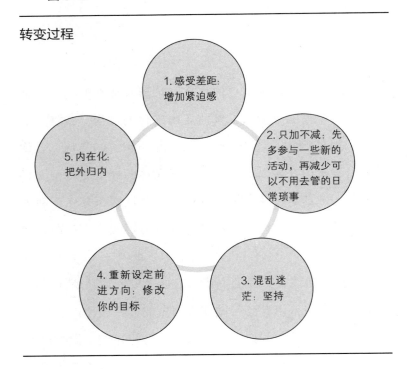

图 5-3 总结了转变过程的五个阶段。有趣的是，这是一个循环的过程，因为成为一个你想成为的人是这一切最强大的驱动力。这个驱动力能够增加你需要继续前进的紧迫感，并寻找更多领导的机会，从而形成一个循环的过程。

晋升还是跳槽

一些情况下，人们会像杰夫一样，在接受新任务以后获得进步；另一些情况下，人们会像苏菲一样，工作职责虽然没有变，但用了与之前完全不一样的新方法来处理工作；还有一些情况下，人们会像奥拉夫一样，改变的过程引导他发生了重大的事业变化。

我们怎样知道自己的能力已经超出了当前的工作职责范围或是整个公司的范围？什么时候是合适的跳槽时机？很多想要晋升的管理者最终都会遇到这些问题，这些问题的答案并不简单。正如我们之前所看到的，增强领导力的经历增加了我们自我认识的能力，弄清了我们要成为什么样的人，并增加了我们要寻找更多机会进一步提升领导力的紧迫感。当眼前的环境无法让我们有进一步施展的空间时，我们就会开始寻找其他环境。

我调查过的管理者最后都会问自己一个问题："我应该留下还是去别的地方发展？"例如，英国石油公司前经理维维安·考克斯在运作新能源业务的过程中，发现自己的领导风格和人生观已经发生了改变，与公司主流的风格和观念已有所不同。在公司里，她尝试着用一些新的方法去做事，而她越是按照自己的方法做事，就越是想进一步

发展自己所肯定的东西。但是公司内的限制太强硬，于是
她辞职了，去了另一家公司，在另一个岗位上继续用自己
的方法做事。

当一个人的事业发展达到鼎盛期时，这种"留下还是
离开"的问题通常就会有很多心理学上的意义。例如，对
本书第二章提到的罗伯特来说，他最后意识到他想要离开
并非为了得到一份更好的工作。这其实是成长过程的一部
分，他从不敢反对像父亲一样的老板，他需要从这种已经
失调的关系中解放出来。

像罗伯特、维维安这样的人，他们对自己的事业是否
成功已经有了一定的衡量标准。我采访的其他管理者会问
自己，是想要一些一样的事还是不一样的事，目前的环境
是否能给他们足够的空间来施展自己的能力。对任何一个
遇到这些问题的人来说，有关成人发展的研究表明，要弄
懂在进步过程中所获得的外在表现力更深层次的含义，都
需要将其内在化，需要进行个人化的自我反思。

人的一生都在不停地改变

心理学家丹尼尔·赖文森（Daniel Levinson）提出了
著名的"七年之痒"（Seven-year Itch）以及"中年危机"

（Midlife Crisis）这两个概念。他的研究发现，改变可能
会循环发生，稳定与改变这两个时期总是在生活中不断地
交替发生。

赖文森说，稳定期通常只能维持七年的时间。这并不
是说在这七年里我们不会有任何改变，而且，比起他做该
研究的 20 世纪 70 年代，如今的我们变化速度越来越快。
这个时期内，我们做出的改变会逐步增加，而不会突然打
乱任何事情。在一个相对稳定的时期内（只是相对稳定，
因为我们总是在不断变化的），关于我们的工作和家庭，
我们会做出一些重要的决定。这些决定就会成为我们这个
时期内优先要做的事，我们会根据这些决定来安排我们的
生活以及适应（或忽略）其他事。这个时期内，我们的任
务就是完成各项计划。一段时间以后，我们会发现有些事
并不像我们所计划的那样发展。也许是因为我们自己改变
了，也许是因为环境改变了，或许是因为两者都改变了。

改变期比稳定期要短，通常只持续三年的时间。在这
个时期内，我们不仅会更多地重新思考自己所做的事，还
会重新思考自己做这些事的目的是什么。我们通常会做出
更多彻底的改变。这个时期内，我们的任务是研究我们所
做出的选择，探索更多的可能性，种下发展一段新的稳定
期的种子。

能力陷阱

赖文森的研究表明，最混乱的改变期常常发生在 40 岁左右（现在有些人反驳说，50 岁左右是"中年危机"新的年龄范围，因为我们比以前的人活得更久）。人到中年或是事业发展到中期（需要一个明确的定义）时，人们会更渴望改变，因为对我们来说，改变是一个不可多得的机会。人们觉得自己仍然有足够的时间来开启新的生活篇章或是事业前景，不能再把时间浪费在过去的事情上了。人们想要充分展现自己之前一直未展现的一面，大半辈子的人生阅历也让我们有了足够的判断力。改变的发生不仅仅改变了我们要做的事，还改变了工作机会。在这个时候，我们就会提出一些重要的问题（见附加材料"重要的问题"）。

事业中期转变最大的挑战之一是弄清楚该改变什么以及该保持什么。有时候诱惑会让一切马上改变，但是像改变工作或是事业这样重要的事情不一定会给我们带来好的结果。著名心理学家埃里克·埃里克森（Erik Erickson）

重要的问题

如果你发现自己正处在改变期，这可能因为你正在做一些与过去不一样的事，这些事让你看见了不一样的可能性。这个时候，你需要回头看看，问自己一些类似以下的问题：

- 我能从工作、同事、所在圈子以及自己身上获得什么？或是能为他们做出什么贡献？
- 我是否知道对于自己和他人，我真正想要的是什么？我该怎样开始找到我真正想要的东西？
- 我的核心价值观是什么？它们在我的工作中是如何体现出来的？
- 我最强的才华是什么？我是如何利用（或是浪费）它们的？
- 我最初的抱负实现了吗？我现在想要的是什么呢？
- 我的工作能否给生活中其他重要的事情留出足够的空间？
- 我对目前的生活状态和生活轨道的满意度是多少？为未来奠定一个更好的基础，我将面临哪些挑战？

的学生詹姆斯·玛西亚（James Marcia）认为，重要的是我们需要问自己现在我们处在什么阶段，然后用积极的心态去看待不同的选择，最终开始实施改变。不管是工作改变这样的外部改变还是改变我们思考方式的内部改变，我们都可以通过这些来获得成长。

他提出的不一样的"身份状态"（Identity States）模型在任何情况下都能塑造一个像图5-4里总结的那样的人。这四种状态中的每一种都描述了一个人会经历的两种连续状态：一边探索，一边在具体的选择中进行改变。如果我们没有探索一份工作、一条路或是一个公司是否适合自己就进行改变，我们就排除了一个可能更好的选项，即"排除期"（Foreclose）（象限1）。如果我们没有付出实际行动，而是一直在探索，如休年假、回学校进修一段时间，或是不停地变换工作来寻找自己想做的事，我们就处在玛西亚所说的"暂停期"（Moratorium）（象限2）。如果我们不停地提出问题而没有真正去深入探索，就不会真正去付诸行动，不管是在过去的事业上还是在新的事业上，我们都放弃了变得更强以及更成熟的可能性。玛西亚把这样的状态叫作"扩散期"（Identity Diffusion）（象限3），因为我们只是象征性地接触了很多东西。我采访过的一名管理者这样说道："有这样两种人，一种人总是在不停地跳槽，而另一种人一直没有换过工作——他们太容易安定下来，也就很容易停滞不前。"成为一个成年人意味着既要去探索和提问，也要付出相应的实际行动（象限4），这个阶段叫作"成功期"（Identity Achievement）。用该术语来形容这个状态是很合适的，因为在该状态下，我们已经成功地成为真正的自己。

图5-4

探索并实施改变的四种状态

付诸行动

		有	没有
探索阶段	有	成功期：成为自己想要成为的那个人（象限4）	暂停期：抽出时间休息，暂停做决定（象限2）
	没有	排除期：排除其他选项（象限1）	扩散期：没有清晰的身份定义或是职业计划（象限3）

来源： 摘录于詹姆斯·玛西亚所发表的《自我同一性状态的发展和验证》（*Development and Validation of Ego Identity Status*）

　　玛西亚所说的"排除期"的问题在于我们常常无法意识到自己在做什么。没有人会明确地知道自己该排除哪些选项。人们不会停下来问自己一些重要的问题，而是任凭时光流逝，这是在现实生活中常常发生的。太过确定与太多怀疑一样，都会存在问题。未必是因为我们的工作不适合我们，而是因为我们可能不经意地就活在了别人的价值观以及别人期望的阴影里。有时我们太过于把别人对我们的期望内在化，实际上我们并不是别人眼里所看到的那样，哈佛大学心理学教授罗伯特·基根将其叫作"自我编排"（Self-authoring）。基根解释说，在我们年轻的时候或是事业发展初期，我们都会遵照社会对我们的期望来做决定，什么样的工作是一份好工作，什么样的老板是一个好老板，怎样成为一个忠诚的员工。而到了事业中期的时候，我们就需要了解那些隐藏的假设，这样一来就可以从"你应该是这样"——生命中那些重要的人对我们的定义或期望中释放出来，成为一个真正的你。附加材料"自我评估：你处在事业建设期还是事业转变期？"能帮助你了解自己正处于什么样的时期。

自我评估：
你处在事业建设期还是事业转变期？

	是	否
1. 我待在同一个岗位或是同一家公司至少有七年了。	——	——
2. 我发现自己的职业愿望得不到满足。	——	——
3. 总的来说，我对我的工作缺乏激情。	——	——
4. 对于没有时间参加外部活动或是陪家人这一点觉得很厌烦。	——	——
5. 我的家庭结构发生了改变，让我有更多的时间和空间去了解不同的事情。例如，我的孩子都去上大学了，或是我配偶的工作情况发生了改变。	——	——
6. 我嫉妒（或羡慕）身边那些在事业上做出重大改变的人。	——	——
7. 我的工作失去了它原有的意义。	——	——
8. 我发现我的事业抱负有所改变。	——	——

9. 近来发生的一些事（如健康危机、至亲去世、孩子出生，结婚或是离婚）让我开始重新思考我真正想要的是什么。　——　——

10. 每天清晨醒来，我不会非常兴奋地期待新的一天。　——　——

通过计算"是"的个数来判断你是否处于改变期：

6~10 个　　你很有可能已经深处于事业改变期。花一些时间想一想近来发生的事，再想想你的人生目标是否需要改变。

3~5 个　　你可能刚刚开始走向事业改变期。通过参加一些新活动以及建立新的人际关系网络来增强你的外在表现力。

2 个或以下　你可能还处于事业建设期。

把外在表现力内在化的过程能让你在生活中或事业上实现很多有意义的外在变化；或者，你也许会心存疑问，但还是会继续停留在现在所处的位置上，做出改变是具有重要意义的一件事，即使外部的人没那么容易察觉到你的改变。本章所概述的前进过程描述了如何实现改变的道路。

总　结

✓　成为一名优秀的领导者并不是一件一次就成功的事，而是一个需要长期坚持的过程，是由一点一滴微小的变化积累起来实现的转变。

✓　很多领导者转变方法告诉你要先学会自省，找到自己的目标，之后就能实现转变。事实上，学会反思应该是领导者转变过程中的最后一步，而第一步是要开始行动起来。

✓　领导者转变过程是曲折的，会不断地遇到困难，让你产生迷茫混乱的复杂情绪，通常由以下几个阶段组成：

·　　感受差距。

·　　只加不减。

·　　混乱迷茫。

·　　重新设定前进方向。

·　　内在化。

✓　想要不被困难打倒，就需要你将外在表现力内在化，反思整合新学到的东西。简而言之，通过新的经历塑造自我形象才能推动你继续前进。

✓　做出一些重大转变如换工作或是换事业，并不一定能让你变得更好。更重要的是，在前进的道路上要不断地问自己现在在哪儿，要保留更多的可能性，最终才能实现改变。改变可以是外部改变，如工作发生变动，也可以是内在改变，如改变你对自己所做工作的认识。

✓ 从"你应该是这样"——生命中那些重要的人对我们的定义或期望中释放出来，是改变过程中至关重要的一步。

总结

行动起来！

无论你现在正在做什么，你都有可能正在经历着某种程度的"自己动手去做"的转变过程。这意味着你不仅要对自己的发展负责，还需要了解什么时候是你向着优秀领导者转变的最佳时机，即使目前没有什么新工作要做。如果不尝试寻找任何新的机会来发展自己，那么你就永远没有办法接触新的工作任务，升职这种事情也不会发生，也就没有办法继续前进到下一个事业阶段。

你应该从哪儿开始做起呢？本书的核心观点是，成为一名优秀领导者的唯一办法就是要先表现得像一名领导者。行动，即改变你的做事方法，重建并利用你的人际关系网络以及改变展现自己的方式，能够提升你的外在表现力，刷新你对领导力的理解，还能改变促使你继续前进的动力。改变外在表现力能够改变你是谁、你能做什么以及你的价值观，进而改变你的想法。在世界不断变化以及你不断成长的过程中，你也会随之不断地改变自己。

这里有一点值得强调。身边的每一个人都会告诉你，如果想成为一名优秀的领导者，那就需要学会自省反思，需要清楚地知道自己想要什么，并增强自我意识。这些建议都很好，但是这些只会在改变后期起到作用，而一开始你必须要先有一些新的经历，要不然你所反思的结果只会停留在过去。内在洞察力是外在表现力的反映，但并不是创造外在表现力的源泉。弄清楚你想要成为什么样的领导者并不是你成长之路上的起点，而是在改变你外在表现力的时候获得的结果。你必须把传统的"先思考后行动"的观点反过来，这样才能成功地实现转变。

跳出你之前专业领域的范围，不再去亲自过问所有的工作细节，把时间更多地用来思考策略性问题，建立良好的人际关系网络以及更多地学会做自己——所有这些改变并不是一夜之间就能完成的。这个转变过程是需要一点一滴积累起来的，漫长且曲折，会遇到很多困难——在你达到你想要的目标之前，会花费很长一段时间；整个过程会充满混乱迷茫的复杂情绪，会迷失方向、遭遇挫折，还有很多意料之外的改变，但是所有这些经历都是在为内在的改变做准备。改变进行到一定的时候，我们需要开始将改变内在化，将所有的经历联系在一起，开始反思这些经历的意义所在。

以一种新的方式来行事不仅会改变我们的想法——我们认为什么是重要的、什么是值得去做的，还会改变未来我们将会成为什么样的人。以行动作为起点，之后进行反思，最后便能重新认识自己。无论我们是决定要跳槽到一家新的公司，或是开展一项新的事业，又或是继续待在原来的岗位，都在不断地努力在组织或在工作中变得更加优秀，并学会在最大程度上做自己。通过反思新的经历，我们能更清楚地看到自己的目标，从而去追寻它，就像爱尔兰哲学家兼作家查尔斯·汉迪（Charles Handy）所说的过"我们自己的生活"（A Life of Our Own）。

你的努力怎样才能得到回报

十多年前，INSEAD 开设了领导者培训课程，我担任了三年的课程主要负责人。学术研究是我终生的事业，写文章和做研究都是我的爱好，我相信我可以做得很好，并从中获得回报。上课是一回事，但是要把课上的内容真正付诸实践又是另一回事。最让我受不了的是，负责该课程占用了我太多的时间，让我没有时间做我喜欢以及我擅长的事：写书和写文章。

我记得在我担任课程负责人的第一年里，我变得越来越迷茫。我的任务是带领我的团队计划好该课程的战略重点，这意味着我需要做的正是上课时教授给学生们的内容：设定方向，讨论战略目标；想办法让团队内外的主要投资者买下我们的想法；组织各种各样的会议，如重要会议的会前及会后讨论，一对一会议以及小组非正式会议，等等。无论我怎么努力，团队成员都会对我提出的观点有异议。这件事对我来说是一个不小的打击，我的心情变得十分郁闷。

我清楚地记得在我接任该职位一年里举行的每一次部门会议。我尝试花很多时间在一些重要的问题上与小组成员达成共识，但我发现，每次会议上我几乎都是在和同一群人讨论同样的问题，他们所说的东西和一年前所说的没有什么差别，这令我很失望。我记得当时我对自己说："花在这些讨论上的时间我都可以用来写一两篇新论文了，至少我所付出的时间是会有回报的。"

后来，我意识到我面临的问题正是我课上的学生们所遇到的问题。我并没有做好领导工作，是因为我觉得带领团队并不是我真正的工作。所以，我并没有投入足够的时间等到我所有的付出得到回报。正因为发现努力没有回报，所以我觉得之前所花的时间看起来是没有价值的。如果我觉得这件事没有价值，那么就只会应付一下工作任务：做计划，开会，给大家分派一下任务，进行业绩评估，安排课程，培训新老师，调解矛盾，定期地举办庆功宴、欢送会或是其他节庆活动。你所看到的是，我并没有在领导什么，这份工作实在是让我耗费心神。

对我而言，成为一名优秀的领导者并不代表要放弃之前的所有工作。相反，它需要我们学会如何正确分配时间——在什么事情上多花时间，在什么事情上少花时间，可以加入一些什么样的新活动。不变的是，我们都尽量不放弃之前所做的工作，然后接受一些新的职责（通常都很无趣，因为可能都不是我们自愿想做的事），而且不会主动去思考我们需要参与一些什么样的新活动。

对于这份领导工作，我的看法非常局限，是一种消极的自我强化（Self-reinforcing）观点。我一直处于被动的状态，想着只要完成工作任务就好，而不是主动去完成日程计划。更糟糕的是，其他人的日程计划是由我来安排的——我需要花很多时间和精力来做，但并没有使我的领导效率有任何提高。因为压力过大，我也没有参与团队外的任何活动——本可以和其他同事或是参与其他项目的志愿者进行讨论交流。我甚至没有参加那些对我的学术事业非常重要的活动，因为我已经很久没有发表新文章了。正如大多数管理者一样，我的想法与我的领导职责产生了冲突。

四年前，当我开始着手写这本书的时候，我再次接任

能力陷阱

一个为期三年的领导任务。这次我欣然地接受了，并且很享受这份工作，为我所取得的成绩感到自豪。我并没有把时间都放在工作上（这样一来，就有更多时间用来写文章），仅仅是把关注点放在一些非常重要的事情上。这些事情都能促进团队成长，并且能排除众多阻碍，为团队吸收更多优秀的人才，还能让团队成员继续他们的研究——这些事情到最后都获得了提升。其他一些不太重要的事情，我就没有花太多时间去做。

我的一个同事刚接任管理任务时，也曾和我说领导工作让他觉得筋疲力尽。有趣的是，他也是一个研究领导力的专家。我问他对于领导工作的看法是什么，他回答我说，你需要先有一个明确的目标。对他来说，这份工作就是为他的团队而服务。"这是一个很崇高的目标，"我说，"但究竟是为什么而服务呢？"他没有一个明确的工作计划，没有筛选出最重要的事情以及那些能产生重要影响的事。

是什么改变了我呢？很多事情。在接手第二项任务之前，我所在的委员会和讨论小组给我展示了学校里各个部门的运作情况，帮助我更多地了解我专业领域之外的同事。在学校外，我开始涉及其他工作，并加入了哈佛商学院的巡视委员会（Visiting Committee）。同时我开始在一些咨询委员会任职，开始参与世界经济论坛领导者培训项目，参加每年的达沃斯论坛及其全球议程理事会。我的人际关系网络越来越广泛。我对新活动也越来越感兴趣，因此花在那些没有回报的事情上的时间就越来越少。

我可以继续发展下去，你应该明白，这是因为通过那些新的经历，我的想法已经发生了改变。

过去的经历有用吗

乔布斯在他著名的斯坦福大学毕业演讲中说道，他在大学时辍学去做了其他事，比如去上美术课，这段经历对多年以后他生产的苹果产品的外观及触感产生了很大影响。他从来没有想过这个兴趣爱好会对后来所取得的成绩产生至关重要的作用。"向前展望时你不能把点点滴滴的经历联系在一起，只有在向后回顾时才能发现它们之间的联系。"他总结道。

正如乔布斯一样，在你刚开始转变的时候，你可能并不能发现你的经历会对你产生什么样的作用，你不知道它们能帮助你走到哪儿。但是，它们会让你的想法发生潜移默化的改变，在你反思时能让你明白更多新的东西，促使你找到一些更有意义的方法使你的工作和生活发生改变。

虽然领导者转变是一个很漫长的过程，但是经历过后，新的领导者身份就会转变为真实的你，它能促使你花更多的时间来"实施领导力"（Doing Leadership），你能从更多的人身上学到新的东西，最后你的能力会得到认可，你也能从中获得快乐。它还会对你选择参加什么样的活动产生影响，因为你会更多地选择参加一些能提升领导能力的活动。有时候，这条转变之路最终会让你的事业发生转变；有时候，只是会让你的内在发生改变——你的价值观和自我认知会发生改变。

这是一件很有价值的事，我们现在就行动起来吧！

致　谢

本书酝酿了很长一段时间才完成，我非常感谢那些督促我完成这本书的人。本书的编辑《哈佛商业评论》的梅琳达·美瑞娜（Melinda Merino）和我的代理人卡罗尔·弗兰科（Carol Franco）都给予了我很大支持，她们都相信这本书能收获好的反响，即使是在看过了很凌乱的初稿后。就像书中所提到的众多管理者的故事一样，本书也经历了好几个阶段，过程跌宕起伏。从最初提出想法到最后定稿的每一个阶段，梅琳达和卡罗尔都在不断地鼓励我。

梅琳达与我合作已经有很多年了，她是一个非常好的合作伙伴。她鼓励我研究人们是如何学会像领导者一样思考的，并鼓励我接受挑战，把我的研究成果以及想法进行梳理后写出来分享给更多的人。当我不得不暂停研究时，她给了我足够的空间和信心。最后快要定稿的时候，我追求完美，一遍又一遍地修改文稿，而她还是非常耐心地等

251

我最终定稿。

　　与卡罗尔一起共事是一件非常幸运的事。我在加入哈佛商学院研究小组的时候就已经认识了卡罗尔，但这次是我们的第一次合作。她帮助我"领会"本书的精华，对书中的观点进行精心编排，然后又把书中犀利的专业意见与温和的鼓励支持很好地结合在一起。我还非常感谢卡罗尔介绍我认识了很多帮助我的人。其中一个人是肯特·林内贝克（Kent Lineback），多年以来，他教会了我许多写作方面的知识，如在写作中哪些地方是重要的，怎样写才能让读者更容易明白。卡罗尔还介绍我认识了另一个重要的人马克·福捷（Mark Fortier），他为本书做了很多宣传，虽然他刚加入本书创作团队不久，但他已经给出了很多非常有用的建议。

　　在 INSEAD，我有一个非常优秀的核心团队，如果没有这个团队，本书也许就不会出版。我的研究助理兼项目经理娜娜·范·伯那斯（Nana Von Bernuth）为本书做出的贡献比我还要多。创作本书的过程中，当我有所懈怠时，娜娜会督促我继续完成，她还给出了很多有用的建议，让本书更能激发读者的兴趣。无论何时何地，她都给我无限的支持。就像书中所提到的"随机应变者"一样，在本书创作中的每一个不同阶段，她都能不断地灵活改变自己来提供我所需要的帮助。尤其要感谢的是 2014 年夏天完成本书二稿时，她给予了我很大帮助：当时我在迈阿密海滩，她在托斯卡尼海岸，我们的孩子在海滩上玩耍时，我们两人都守在电脑旁边继续工作。尽管她没有想过把她最重要的优点写上，但最后她给了我一个最好的编辑反馈。

我的助理梅勒尼·卡门子（Melanie Camenzind）是核心团队的另一名成员，她从一开始就一直跟随我，要是没有她，该书也不会出版。她帮助我把一切事务都安排得井井有条，不让任何琐事打扰我。这些经历使得她完成了自己动手去做的转变过程，成功转变为一名项目经理。梅勒尼是"如何重新定义你的工作"的一个非常成功的典范。

很多朋友和同事都读过本书最初的版本，一起进行过讨论或交流。我非常感谢珍皮埃尔·彼崔格里利（Gianpiero Petriglieri）和乔斯·路易斯·阿尔瓦雷斯（Jose Luis Alvarez），他们对领导力的见解给了我很多灵感，以及埃琳·迈耶（Erin Meyer），她把她出版书的经验全都分享给了我，还有克里斯汀·莱纳斯（Kristen Lynas）和克劳迪娅·博纳斯（Claudia Benassi），她们也非常乐意与我分享她们的想法，并给予我鼓励。

想要感谢的人还有很多很多，创作本书的过程中，从讨论社会心理学和组织行为学的经典研究到讨论本书的标题、封面，我都是在 INSEAD 的组织行为学院完成的。大多数情况下，同事们也非常愿意在午餐时间与我进行讨论。

我非常幸运并非常高兴在之前评估 CEO 的项目中认识了克劳迪奥·费尔南德斯-阿劳斯（Claudio Fernandez-Araoz）。我非常感谢他在深思熟虑后对我的初稿做出的反馈，之后的几次交流中也给予了我很大帮助。克劳迪奥研究的领域是职业发展，非常幸运，他在我身上检验了他的研究理论，我从中受益良多。

与我一同进行领导者转变研究的同事，珍皮埃尔·彼崔格里利和乔斯·路易斯·阿尔瓦雷斯也为研究做出了很多贡献。我们一起讨论备课，思考能为学员提供最大帮助的教学设计。领导者转变课程能获得认可最大的秘诀就是有一群优秀的教师，在马丁·范德普尔（Martine Van den Poel）的带领下，他们为每一位学员量身定做了学习方案来帮助其完成转变。我从中也学到了很多，非常感谢他们帮助每一位学员发现自身潜力的敬业精神。

此外，非常感谢能与《哈佛商业评论》出版社的众多成员合作，包括大卫·里维斯（Dave Lievens）、丽莎·伯勒尔（Lisa Burrell）、考特尼·卡什曼（Courtney Cashman）、萨尔·阿什沃思（Sal Ashworth）、斯蒂芬尼·芬克斯（Stephani

Finks）、尼娜·娜西里娜（Nina Nocciolino）、埃丽卡·楚克斯勒（Erica Truxler）、贝蒂·伯伊德（Patty Boyd）、埃琳·布朗（Erin Brown）和詹姆斯·德弗里斯（James de Vries）。无论什么情况下，他们都一直支持我，他们所做的事情对我也产生了极大影响。我还要感谢布朗温·弗瑞（Bronwyn Fryer），在初稿拿到反馈意见后，他帮助我一起进行修改，在文章清晰度和格式上都给了我很多建议。

写书需要花费很长的时间，要搜集很多资料。过去的五年来，我受到了来自联合利华领导力和多元化研究基金（Unilever Endowed Fund for Research in Leadership and Diversity）的很多帮助。它不仅给我提供了资金支持，还让我结识了很多对我有重要帮助的人，如沙迪·奥格（Sandy Ogg）、乔森纳·唐纳（Jonathan Donner）、道格·贝利（Doug Baillie）、莉娜·奈尔（Leena Nair）和联合利华首席执行官保罗·波尔曼（Paul Polman），我从他们身上学会了什么样的公司能够帮助员工获得成长。

当然，本书的出版离不开那些参与该研究的被调查者。他们把自己的领导者转变经历分享给我，才让本书有了可靠的数据来源。这些被调查者包括十年来参与领导者转变课程的学员、INSEAD 的工商管理硕士，以及来自德意志银行（Deutsche Bank）、联合利华（Unilever）、IWF 和西门子（Siemens）的各层管理者，还有参加世界经济论坛领导者项目的参与者们。虽然书中只提到了一部分人，但是所有人都为本书的撰写和出版做出了极大贡献。我从所有人身上都学到了很多东西，非常感谢他们对我的信任。

关于作者

埃米尼亚·伊贝拉是欧洲工商管理学院（INSEAD）组织行为学教授兼领导与学习首席教授。她是职业与领导力发展方面的专家，在《哈佛商业评论》及各类学术期刊上发表过大量相关文章。她于 2003 年出版的畅销书《职业身份：非常规策略重塑你的事业》被誉为事业中期转变的最佳参考指南。

她是 INSEAD 领导者转变项目的创办负责人，该项目针对来自各个公司的管理者们，旨在帮助他们成为更优秀的领导者。她主要研究领导力发展、人才管理以及女性事业发展，并给人们提供诸多咨询与建议。她是世界经济论坛全球议程理事会的成员之一，还是哈佛商学院巡视委员会的成员之一。她是全球 50 大管理思想家（Thinkers50）之一。在加入 INSEAD 前，她在哈佛商学院工作了十三年。她拿到了耶鲁大学的硕士学位和博士学位，在那里她加入了国家科学院研究小组。